우리가 몰랐던

생물들의 마지막 이야기

우리가 몰랐던
생물들의
마지막
이야기

せつない! いきものの死に方図鑑
Supervised by 今泉 忠明, illustrated by 下間 文恵
Copyright © 2022 by Tadaaki Imamizumi
Original Japanese edition published by Takarajimasha, Inc.
Korean translation rights arranged with Takarajimasha, Inc.
through Duran Kim Agency, Seoul.
Korean translation rights © 2023 by Youngjin.com

All rights reserved. No part of this publication may be reproduced in any form or by any means, graphic, electronic or mechanical, including photocopying and recording by an information storage and retrieval system, without permission in writing from the publisher.

이 책의 한국어판 저작권은 듀란킴 에이전시를 통해 Takarajimasha, Inc.와 독점 계약한 영진닷컴에 있습니다. 저작권법에 의해 한국 내에서 보호를 받는 저작물이므로 무단 전재와 복재를 금합니다.

ISBN 978-89-314-6756-7

독자님의 의견을 받습니다

이 책을 구입한 독자님은 영진닷컴의 가장 중요한 비평가이자 조언가입니다. 저희 책의 장점과 문제점이 무엇인지, 어떤 책이 출판되기를 바라는지, 책을 더욱 알차게 꾸밀 수 있는 아이디어가 있으면 팩스나 이메일, 또는 우편으로 연락주시기 바랍니다. 의견을 주실 때에는 책 제목 및 독자님의 성함과 연락처(전화번호나 이메일)를 꼭 남겨 주시기 바랍니다. 독자님의 의견에 대해 바로 답변을 드리고, 또 독자님의 의견을 다음 책에 충분히 반영하도록 늘 노력하겠습니다.

파본이나 잘못된 도서는 구입처에서 교환 및 환불해드립니다.

이메일 : support@youngjin.com
주 소 : (우)08507 서울특별시 금천구 가산디지털1로 128 STX-V 타워 4층 401호 ㈜영진닷컴
등 록 : 2007. 4. 27. 제16-4189호

STAFF

감수 이마이즈미 타다아키 | **일러스트** 시모마 아야에 | **번역** 최서희 | **책임** 김태경 | **진행** 차바울 | **디자인·편집** 김효정
영업 박준용, 임용수, 김도현 | **마케팅** 이승희, 김근주, 조민영, 김민지, 김도연, 김진희, 이현아
제작 황장협 | **인쇄** 예림

우리가 몰랐던
생물들의
마지막
이야기

감수 **이마이즈미 타다아키**
일러스트 **시모마 아야에**
번역 **최서희**

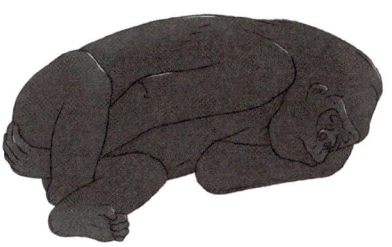

YoungJin.com Y.
영진닷컴

감수자의 말

동물이나 지구상의 모든 생물은 언젠가 죽음을 맞이합니다. 자연에서 살아가는 짐승이나 벌레들, 하늘을 날고 있는 새, 바다를 헤엄치는 물고기, 눈에는 보이지 않는 미생물까지 어떤 생물이든 저마다의 수명이 있습니다.

인간의 삶은 상당히 힘들지만, 생물의 생활도 그렇습니다. 우리가 생각해도 안타깝게 죽음을 맞이하는 생물이 많죠. 기껏 성충이 되었더니 바로 죽는 매미, 결국 인간에게 잡아먹히는 운명인 소와 닭, 가혹한 환경에서 과로사로 죽는 펭귄, 좀비처럼 변해버리는 달팽이. 이처럼 애처로워도 씩씩하게 살아가는 생물들을 이 책에서 소개하고자 합니다.

힘든 삶에도 열심히 살아가며 생명을 이어가는 생물들의 모습에서 일종의 감동과 용기를 얻을 수 있고, 자연이라는 거대한 구조도 이해할 수 있을 겁니다. '현재를 살아가고 있다는 것'의 소중함을 느낄 수 있다면 좋겠습니다.

이마이즈미 타다아키

번역자의 말

우리는 살아가면서 직접, 혹은 간접적으로 많은 생물을 접합니다. 우리 주변에서 쉽게 볼 수 있는 생물도 있고 동물원이나 텔레비전에서 본 적 있는 생물도 있지요. 그러나 이러한 생물들의 죽음에 대해 생각해 본 적은 별로 없을 것입니다.

이 책은 여러 생물의 죽음에 관해 이야기합니다. 책에서 소개하는 생물 중에는 장수하는 생물도 있고 아주 짧은 시간을 살고 죽는 생물도 있습니다. 이런 다양한 생물의 삶과 죽음에 대해 알아보며 생명의 소중함에 대해서도 한 번 더 생각해 볼 수 있을 것입니다. 또한 우리 주변에 있는 생물이나 자연에 조금 더 흥미를 느낄 수도 있겠지요. 이 책이 독자의 흥미를 채워줄 수 있는 한 권이 되기를 바랍니다.

최서희

Contents

감수자와 번역자의 말 …………………………………………………… 004

이 도감을 보는 방법 …………………………………………………… 012

INTRODUCTION 생물은 왜 죽는 걸까?

대부분 '잡아먹혀서' 죽는다 …………………………………………… 016

생물의 수명은 어느 정도일까? ………………………………………… 018

태어나고 죽으면서 계속 진화한다 …………………………………… 020

죽은 후에는 어떻게 되는 걸까? ………………………………………… 022

동물도 '죽음'을 슬퍼할까? ……………………………………………… 024

생물의 일생은 장렬하고 덧없다 ……………………………………… 026

CHAPTER 1 덧없이 죽는다

매미 성장을 마치고 1개월, 하늘을 보다 생을 마친다 ……………… 030

모기 내 밥은 피가 아냐! 어쩔 수 없이 피를 뺀다 ………………… 032

하루살이	성충 시기 짧은 수명 No.1	034
도롱이벌레	왕자님만 기다리다 결국 떨어져 죽는다	036
반딧불이	내가 너무 늦었나? 홀로 빛을 발한다	038
초롱아귀	문 건 나인데… 생식 기능만 남기고 죽는다	040
닭	태어나고 얼마 지나지 않아 출하된다	042
생쥐	세상은 좁아! 실험실 안에서 평생을 보낸다	044
소	이게 내 운명? 결국엔 잡아먹힌다	046
라보드카멜레온	빨리 죽는 게 생존전략?	048

CHAPTER 2 참고 견디다 죽는다

황제펭귄	너무 힘들어… 새끼를 키우다 과로사한다	054
얼룩말	매일 맹수와 술래잡기하다 죽는다	056
연어	생의 마지막 반짝임! 거스르고 거슬러 고향으로 향한다	058
집게벌레	갓 태어난 새끼에게 생명을 바친다	060
병정진딧물	전투! 싸우기 위해 태어난 전사	062

| 배추흰나비 애벌레 | 자기도 모르게 벌에게 계속 이용당한다 ········· 064
| 꿀벌 | 일만 잔뜩 하다가 생을 마친다 ········· 066
| 방아깨비 | 풀 위에서 조용히 죽음을 기다린다 ········· 068

CHAPTER 3 운이 없어서 죽는다

| 말코손바닥사슴 | 어라? 뿔이 엉켜서 죽는 동물도 있다 ········· 074
| 개복치 | 살아남을 확률이 고작 1억 5,000만 분의 1?! ········· 076
| 바다거북 | 숨을 못 쉬어서 익사한다 ········· 078
| 해로새우 | 영원의 사랑? 부부가 평생을 함께한다 ········· 080
| 사마귀 | 아차! 짝짓기 중에도 잡아먹힌다 ········· 082
| 개미 | 근로 중 사건·사고는 일상? 대부분 수명을 다하지 못한다 ········· 084
| 흰개미 | 결국엔 부하에게 버려지는 여왕개미 ········· 086
| 일본두꺼비 | 겨울잠에서 깨자마자 짓눌려 죽는다 ········· 088
| 일본왕도롱뇽 | 굴을 차지하려 싸우다 치명상을 입는다 ········· 090
| 물방개 | 날 좀 놔 줘! 교미 중에 질식사한다 ········· 092

CHAPTER 4 너무 예민해서 죽는다

- **나무늘보** 에너지 과다 절약? 계속 비가 오면 죽는다 ··········· 098
- **고릴라** 너무 예민해서 배탈만으로도 죽는다 ··········· 100
- **땅돼지** 머리가 너무 민감해! 부딪히면 즉사한다 ··········· 102
- **플라나리아** 자칫하면 자기 소화액에 녹아버린다 ··········· 104
- **안경원숭이** 극심한 스트레스! 너무 예민해서 자살한다 ··········· 106
- **곰벌레** 온갖 환경에서 무적이지만 밟히기만 해도 즉사한다 ··········· 108
- **물푸레면충** 날갯짓이 너무 약해서 잘못 착지하면 죽는다 ··········· 110

CHAPTER 5 서툴러서 죽는다

- **치타** 안정된 생활은 없다! 고통이 가득한 배고픈 삶 ··········· 116
- **주머니쥐** 꼴까닥! 죽은 척하다가 잡아먹힌다 ··········· 118
- **에그이터스네이크** 내 먹이는 오로지 알! 결국은 굶어 죽는다 ··········· 120

거미게	다리가 너무 길어… 탈피에 실패하면 죽는다!	122
말레이시아개미	더는 못 간다! 최후의 수단은 자폭!	124
달팽이	멋대로 움직여! 기생충에게 몸을 뺏긴다	126

EPILOGUE 생명의 시간: 수명

인간은 몇 살까지 살 수 있을까? ……………………………… 132
포유류 ……………………………… 134
조류 ……………………………… 136
파충류 ……………………………… 137
양서류 ……………………………… 138

어류 ·· 139

갑각류 ·· 140

곤충류 ·· 141

Column

가장 마음이 편한 장소는 어디? 고양이가 죽기 전에 보이는 행동 ············ 50

죽은 주인을 하염없이 기다리던 하치 ·· 70

무슨 소리야? 운석이라니?! 운이 나빠 멸종한 공룡 ··· 94

전쟁 때문에 죽은 불쌍한 맹수들 ·· 112

숙주의 미래는 캄캄해! 안타깝게 죽는 기생당한 생물들 ···································· 128

이 도감을 보는 방법

안타까운 정도

5단계로 안타까운 정도를 표현합니다.

생물의 프로필

생물의 이름, 분류, 크기, 수명, 서식지를 설명합니다.

※수명은 사육이 아니라 야생의 수명을 기준으로 하며 알 시기도 포함합니다. 이후의 조사나 연구에 의해 변할 가능성이 있습니다.

- 이름은 일반적으로 인지도가 높은 것을 채택했습니다.
- 분류는 종 이름이 세세하게 분류되는 경우 총칭을 표기했습니다.
- 2022년의 연구정보를 기반으로 만들어졌으며 이후 연구로 달라질 수 있습니다.

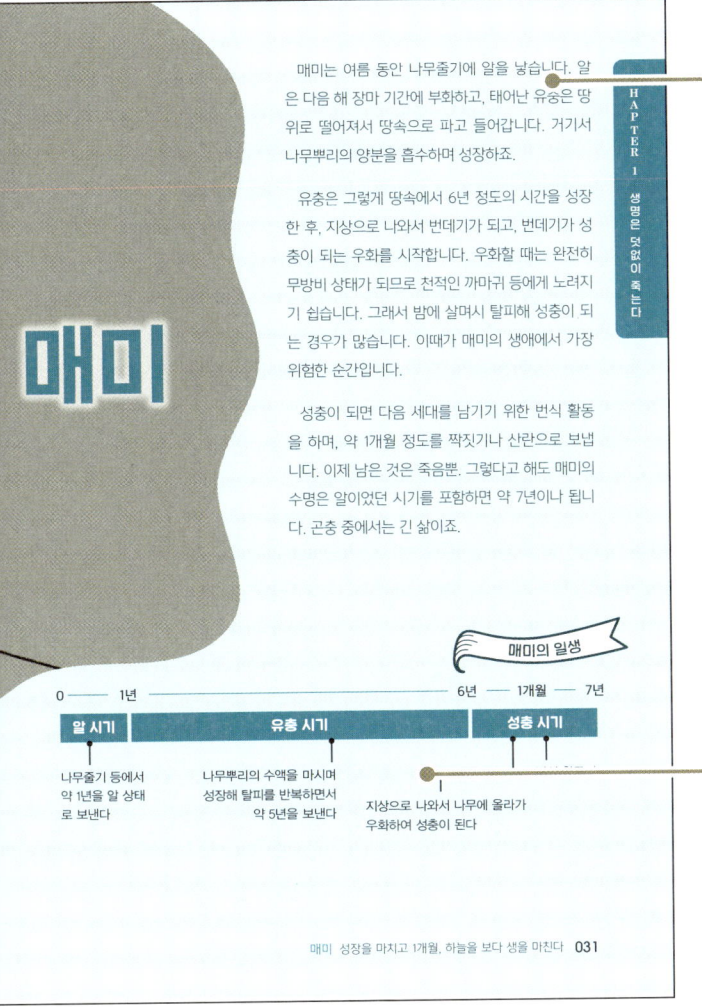

설명

생물이 살아가는 모습과 죽음을 맞이하는 모습을 상세하게 설명합니다. 죽음에 이르기까지의 모습을 살펴보는 건 생물에 대한 흥미는 물론이며 깊은 이해도 할 수 있게 만듭니다.

생물의 생애

태어나서부터 죽을 때까지의 흐름을 대략적으로 알아볼 수 있습니다. 일반적인 성장 과정이며 수명까지 살았을 경우를 설명합니다.

INTRODUCTION

생물은 죽는

왜 걸까?

일상에서는 쉽게 볼 수 없는 생물들의 죽음. 생물은 왜 죽는 걸까요?
수명이나 죽음의 원인, 생태계 등의 메커니즘을 먼저 공부해봅시다.

대부분 '잡아먹혀서' 죽는다

생물이 죽는 이유는 무엇일까요? 잘 생각해보면 야생 동물이 죽는 순간을 본 적은 별로 없을 겁니다. 안타깝게도 많은 생물이 수명대로 살지 못하며, 대부분 잡아먹히거나 굶어 죽는다고 합니다. 그러나 이건 자연스러운 일입니다. 잡아먹힌다고 해도 포식자의 에너지가 되어 생명의 끈을 이어가는 겁니다. 이런 방식으로 지구의 생물은 번영을 계속해왔습니다.

....

이 외에도 생물의 죽음에는 다양한 원인이 있습니다. 가장 큰 적은 자연환경의 변화입니다. 기온이나 기후의 변화가 동식물에 미치는 영향이 커서 사는 곳을 잃거나 먹이를 얻을 수 없게 되면 살아남기가 극히 힘들어지죠. 그 때문에 번식도 할 수 없어서 개체 수가 적어져 순식간에 멸종으로 내몰리는 것입니다.

생물의 주요 사인

잡아 먹힌다 — 특히나 소형 생물은 천적에게 습격을 받아 죽는다.

환경 변화 — 기온의 변화나 자연 재해로 생태계가 크게 무너져 죽는다.

굶어 죽는다 — 다양한 환경의 변화로 인해 먹이가 없어져 죽는다.

사고 — 싸움 등으로 상처를 입거나 병에 걸려서 죽는다.

인간과 마찬가지로 상처를 입어 죽거나 병에 걸려 죽기도 합니다.

잡아먹히기 쉬운 생물은 많은 새끼를 낳는 전략으로 살아남았다

소형 생물은 잡아먹히는 경우가 많을 거라고 어렴풋이 생각할 수 있는데, 실제로도 그렇습니다. 그래서 어느 정도 잡아먹히더라도 종을 이어 나갈 수 있도록 많은 새끼를 낳곤 합니다. 생쥐는 생후 2개월 만에 성체가 되며 20일의 임신 기간을 거쳐 다섯 마리 정도의 새끼를 낳습니다.

생물의 수명은 어느 정도일까?

또 하나의 이유로 '수명'이 있겠죠. 태어나서 죽을 때까지의 시간을 말하며 종이나 개체에 따라 다양합니다.

일반적으로 동물의 수명은 몸의 크기에 비례해서, 몸이 크면 수명이 길고 몸이 작으면 수명도 짧은 경향이 있습니다. 이는 동물이 몸을 움직이는 데 사용하는 에너지(대사)와 관련이 있습니다. 대사율이 수명에 큰 영향을 미치기 때문입니다.

••

파충류나 양서류 같은 변온동물은 대사율이 낮아서 장수하기 쉽고, 포유류나 조류 같은 항온동물은 대사율이 높아 비교적 수명이 짧다고 알려져 있습니다. 항온동물이면서 소형인 생물은 특히나 수명이 짧은데, 몸의 크기가 작아서 체온이 바로 내려가 버티지 못하기 때문입니다. 그래서 음식을 자주 먹으며 에너지를 섭취

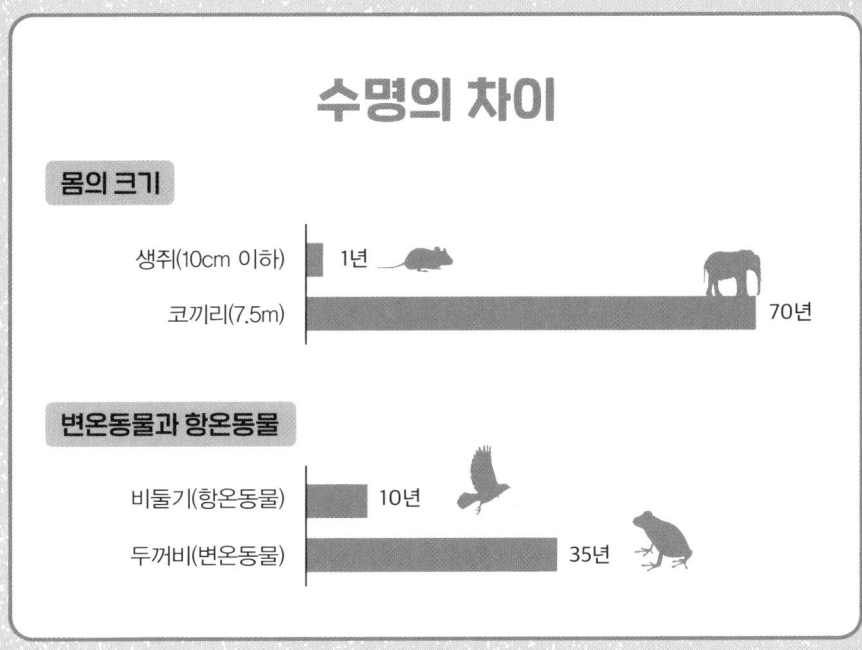

해야만 합니다. 몸집이 큰 코끼리의 평균 수명은 약 70년인 것에 비해 몸집이 작은 생쥐는 약 1년입니다.

수컷의 수명은 암컷보다 짧다? 역할에 따라 수명이 달라진다

수명은 생태계에서의 역할이나 환경에 따라서 달라집니다. 예를 들어 출산이나 산란을 하는 암컷은 수컷보다 오래 사는 경향이 있습니다. 또 육식동물보다 초식동물의 수명이 긴 경우가 많은데, 초식동물은 식물을 먹기 때문에 위험하게 먹이를 사냥할 필요가 없다는 것이 하나의 이유입니다.

태어나고 죽으면서 계속 진화한다

생물의 죽음은 언뜻 보면 슬픈 일이지만, 생물학 관점으로 보면 '진화'라고 인식할 수도 있습니다.

자신이 지금 존재하고 있는 건 부모의 존재 덕분이고, 나의 부모도 그들의 부모가 있었기 때문에 태어났으며 또 그 부모도… 이렇게 거슬러 올라가면 머나먼 옛날부터 많은 사람의 죽음이 거듭되었기에 지금의 내가 존재한다는 걸 알 수 있습니

··

다. 마찬가지로 다른 생물도 많은 생명의 탄생과 죽음으로 환경에 적응하며 아직까지 존재하는 것입니다.

생물은 변화하는 환경 속에서 이런 방식으로 진화를 거듭했고, 적응하지 못한 종이나 개체는 사라져갔습니다. 일단 살아남을 수 있어야 그럴 수 있게 한 유전정보를 이어가며 진화할 수 있으니까요.

인간의 진화

인간의 조상은 약 600만 년 전에 살던 동물로, 침팬지 등의 원숭이와 조상이 같다고 알려져 있습니다. 인간은 평원에서 살며 진화해서 이족보행 하게 되었다고 합니다.

생물은 이렇게 소멸하고 이렇게 탄생합니다. 이러한 순환의 결과, 지금의 생물들이 존재하는 겁니다.

이런 진화의 구조를 보다 보면, 죽음이 있기에 우리도 존재하고 있다는 걸 알 수 있습니다.

멸종은 나쁜 것?

멸종이라는 단어를 흔히 나쁘다고만 생각합니다. 하지만 환경에 잘 적응한 생물은 번영하고, 적응하지 못한 생물이 멸종할 뿐입니다. 예를 들어 우리 인간은 6,600만 년 전에 공룡이 멸종한 덕분에 생존할 수 있었습니다. 이러한 멸종이 있기에 새로운 종의 탄생과 진화도 있는 것이죠.

죽은 후에는 어떻게 되는 걸까?

생물이 죽으면 그 사체는 어디로 사라지는 걸까요? 야생동물은 일반적으로 박테리아 등의 미생물이나 구더기에 의해 분해되어서 흙으로 돌아갑니다. 이러한 분해자의 존재는 생태계에서 아주 중요합니다. 모든 물질이 재활용될뿐더러 지구가 시체투성이가 되지 않는 이유입니다.

···

생물의 사체는 언뜻 가치가 없어 보여도, 미생물에게는 영양이 풍부한 먹이입니다. 미생물에 의해 분해와 부패가 진행되어 구더기 등의 먹이가 되죠. 이러한 연쇄작용이 활발해지면 사체에 있던 영양분이 결국 흙으로 돌아가는 것입니다. 이는 곧 식물의 영양소가 되고, 이 식물을 동물이 먹는 관계도 생겨납니다.

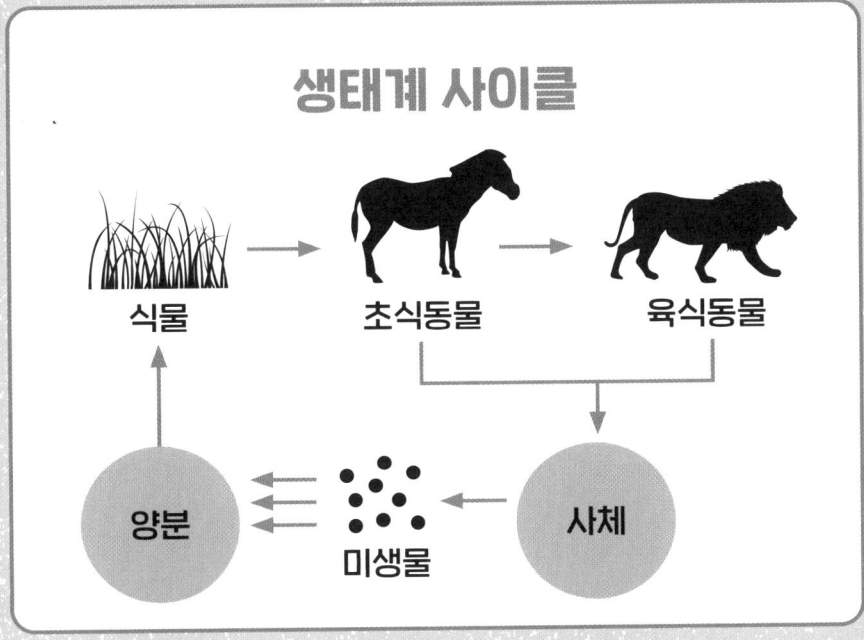

이처럼 지구상의 모든 생물은 영양분의 재활용으로 균형을 유지하며 존재합니다. 생물의 세계에서는 분해자의 존재도 무척이나 중요한 것입니다.

> **사체를 먹는 불쾌한 생물 "대머리독수리"**
>
> 사체를 먹는 동물이라서 불쾌하다고 느껴진다는 대머리독수리. 하지만 사체는 오래간 방치되면 인간에게 악영향을 끼치는 박테리아나 미생물이 가득해지는 위험한 존재입니다. 그런 사체를 빠르고 깨끗하게 먹어 치워주는 대머리독수리는 고마운 동물이죠. 생태계의 청소부라고 불린다고 합니다.

동물도 '죽음'을 슬퍼할까?

우리 인간은 '죽음'이라는 것에 슬픈 감정을 품고 있는데, 동물들도 친구의 죽음을 인간처럼 슬퍼할까요?

안타깝게도 이를 과학적으로 해명하기는 어려워서 오랫동안 논쟁 중입니다. 하지만 다양한 동물에서 죽음을 슬퍼하는 듯한 모습이 발견되고 있습니다. 특히 코끼리가 유명한데, 동료의 시신에 가까이 다가가거나 만지는 등 관심을 보이며 애

도를 표하는 듯한 행동을 합니다. 눈물을 흘리는 코끼리도 있다고 하며 마치 성묘하듯이 죽은 코끼리의 주변을 여러 번 방문하는 코끼리도 목격됐다고 합니다.

침팬지도 비슷한 행동을 취합니다. 시신을 주의 깊게 관찰하며 곁에서 떨어지려고 하지 않거나 몇 개월에 걸쳐서 안고 다니는 모습을 볼 수 있다고 합니다.

죽음에 대한 반응

코끼리
시신을 만지는 등의 행위를 하며 수일에 걸쳐 방문하거나 먼 곳으로 옮기기도 한다. 시신을 식물 등으로 덮는 행동도 보인다.

까마귀
시신 주변에 친구들이 모여서 운다. 죽은 까마귀에게 마치 움직이라고 말하는 듯이 울며 주변에 위험은 없는지 확인한다.

돌고래·범고래
죽은 새끼를 등에 태우거나 다른 것이 시신에 가까이 가지 못하도록 지키는 듯한 행동을 한다.

동물들의 이러한 행동에도 불구하고, 이것이 인간이 느끼는 슬픔과 같은지를 과학적으로 연구하는 건 아직까진 몹시 어려운 일이라고 합니다.

죽은 친구의 시신을 매장하는 동물

코끼리는 시신을 풀이나 나뭇잎으로 덮는 행동을 합니다. 까치도 시신 주변에 네 마리가 모여서 부리로 물고 온 풀을 시신 위에 살며시 올려놓은 사례가 있습니다.

생물의 일생은 장렬하고 덧없다

처음에 설명했던 것처럼 많은 생물이 굶어 죽거나 잡아먹혀 생을 마칩니다. 이건 아주 당연한 일이라서 인간 외의 동물은 '죽음'에 대한 막연한 공포를 느끼지 않습니다. 그저 살아가기 위해서 한정된 생명의 시간을 열심히 살아가죠. 예를 들어 매미나 하루살이 등은 성충이 되면 곧 죽고, 연어는 위험한 강을 거슬러 올라 산란하고 죽습니다. 어미 집게벌레는 알에서

갓 부화한 새끼들에게 잡아먹혀서 죽죠. 죽음이라는 것에 얽매이지 않고 주어진 생명의 시간을 열심히 살아가는 겁니다.

왜 그렇게 죽냐고요? 모든 게 자손을 남기기 위해서이죠. 종이 살아남기 위해서 죽는 순간까지 전력으로 생을 다하는 그들의 모습은 우리 인간에게도 '현재를 살아가는 것'의 소중함을 일깨워줍니다.

이 책에서 소개하는 생물들의 세상은 인간의 세상과 완전히 달라서 매우 흥미로울뿐더러, '산다는 건 무엇인가?' 같은 새로운 깨달음을 주기도 합니다.

인간은 '예측'이라는 능력을 갖춘 특별한 생물

인간은 진화 과정에서 예측하는 능력이 발달했습니다. 그래서 동물이나 곤충 등의 생물이 가진 '자기만 살아남으면 된다'가 아니라 타인을 생각하거나 협조하는 능력이 뛰어납니다. 동물과 달리 인간이 '죽음'을 두려워하는 이유이기도 합니다.

Chapter 1

덧없이 죽는다

세상에는 놀랄 만큼 단명하는 생물들이 존재합니다. 성체가 되고서 겨우 몇 시간 만에 죽는 생물이나, 잡아먹혀서 자기 수명까지 살지 못하는 생물 등 다양합니다. 덧없고도 아름다운 생물들의 생애를 살펴봅시다.

안타까운 정도 💧💧💧🤍🤍

성장을 마치고 1개월, 하늘을 보다 생을 마친다

맴맴맴……

이름	유지매미
분류	곤충류 노린재목 매미과
크기	약 5cm
수명	7년
서식지	한반도, 일본, 중국

CHAPTER 1 생명은 덧없이 죽는다

매미는 여름 동안 나무줄기에 알을 낳습니다. 알은 다음 해 장마 기간에 부화하고, 태어난 유충은 땅 위로 떨어져서 땅속으로 파고 들어갑니다. 거기서 나무뿌리의 양분을 흡수하며 성장하죠.

유충은 그렇게 땅속에서 6년 정도의 시간을 성장한 후, 지상으로 나와서 번데기가 되고, 번데기가 성충이 되는 우화를 시작합니다. 우화할 때는 완전히 무방비 상태가 되므로 천적인 까마귀 등에게 노려지기 쉽습니다. 그래서 밤에 살며시 탈피해 성충이 되는 경우가 많습니다. 이때가 매미의 생애에서 가장 위험한 순간입니다.

성충이 되면 다음 세대를 남기기 위한 번식 활동을 하며, 약 1개월 정도를 짝짓기나 산란으로 보냅니다. 이제 남은 것은 죽음뿐. 그렇다고 해도 매미의 수명은 알이었던 시기를 포함하면 약 7년이나 됩니다. 곤충 중에서는 긴 삶이죠.

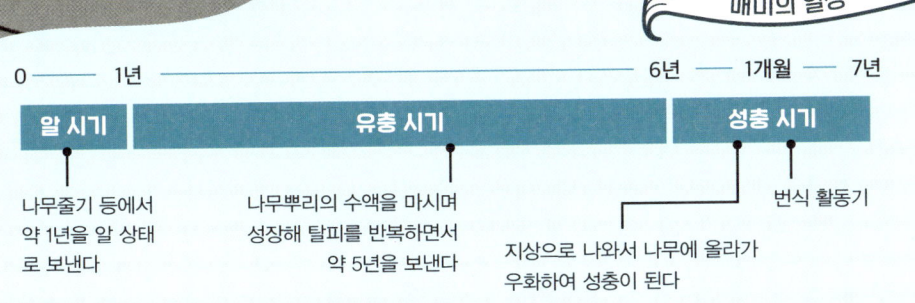

매미의 일생

0 — 1년		6년 — 1개월 — 7년
알 시기	**유충 시기**	**성충 시기**
나무줄기 등에서 약 1년을 알 상태로 보낸다	나무뿌리의 수액을 마시며 성장해 탈피를 반복하면서 약 5년을 보낸다	지상으로 나와서 나무에 올라가 우화하여 성충이 된다 / 번식 활동기

매미 성장을 마치고 1개월, 하늘을 보다 생을 마친다

안타까운 정도 💧💧💧🤍🤍

> 두렵지만 우리 애를 위해 피를 빨러 가야만 해……

모기
내 밥은 피가 아냐!
어쩔 수 없이 피를 빤다

이름	빨간집모기
분류	곤충류 파리목 모기과
크기	약 0.5cm
수명	약 30~50일
서식지	한국, 일본, 중국 남부, 미국, 멕시코

여름만 되면 어디선가 윙~하고 날아와 피를 빠는 모기. 사실 모기는 꽃의 꿀이나 식물의 수액을 빨며 살아가기 때문에 평소에는 피를 마시지 않습니다. 인간이나 야생동물의 피를 빠는 건 산란 전의 암컷뿐인데, 알의 영양분을 인간이나 동물의 피에서 얻기 때문입니다.

수컷은 집단으로 날며 암컷을 유혹해 짝짓기하고, 짝짓기를 마친 암컷 모기만이 위험을 감수하며 인간이나 동물들에게 접근해 피를 뽑니다.

물론 인간이나 동물에게 접근해 피를 빠는 건 위험한 행위이지만, 암컷 모기는 다음 세대를 위해 목숨을 거는 것입니다.

성충 암컷의 수명은 20~40일 정도이며 알을 낳고 죽습니다. 모기는 이 짧은 일생을 반복합니다.

CHAPTER 1 생명은 덧없이 죽는다

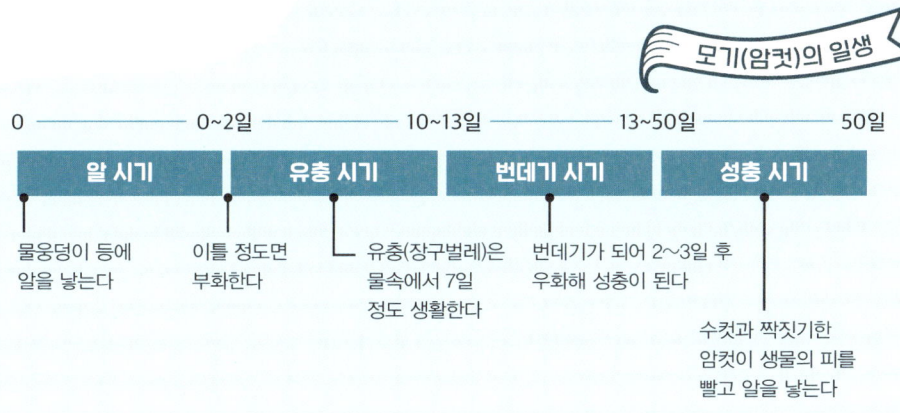

모기(암컷)의 일생

0	0~2일	10~13일	13~50일	50일
알 시기	유충 시기	번데기 시기	성충 시기	
물웅덩이 등에 알을 낳는다	이틀 정도면 부화한다	유충(장구벌레)은 물속에서 7일 정도 생활한다	번데기가 되어 2~3일 후 우화해 성충이 된다	수컷과 짝짓기한 암컷이 생물의 피를 빨고 알을 낳는다

모기 내 밥은 피가 아냐! 어쩔 수 없이 피를 빤다

안타까운 정도 💧💧💧💧🤍

성충 시기
짧은 수명 No. 1
하루살이

이름	흰하루살이
분류	곤충류 하루살이목 흰하루살이과
크기	약 1cm
수명	약 3년(성충 이후 약 2시간)
서식지	동아시아의 하천

> CHAPTER 1 생명은 덧없이 죽는다

'덧없는 목숨'의 대명사가 된 하루살이. 심지어 성충은 입도 없어서 물조차 마실 수 없습니다. 그래서 성충의 수명이 몹시 짧은 것이며, 길어야 고작 며칠입니다. 그중에서도 흰하루살이 수컷은 2시간 정도밖에 살 수 없습니다.

물속에 낳은 하루살이의 알은 1~3주 정도면 부화해서 유충이 됩니다. 유충은 물속에서 2~3년에 걸쳐 수십 번의 탈피를 반복하며 우화하죠.

성충 기간이 짧아 일제히 우화해 짝짓기를 하며, 짝짓기가 끝나면 수컷은 바로 죽고 암컷은 간신히 물속에 500~1,000개의 알을 낳은 뒤 최후를 맞이합니다. 대량의 사체가 발생하기에 바닥에 쌓이는 모습을 볼 수 있을 정도라고 하죠. 시기를 놓친 개체는 짝을 짓지 못하고 수명을 다하기도 합니다.

마지막까지 남은 힘을 다하자...!

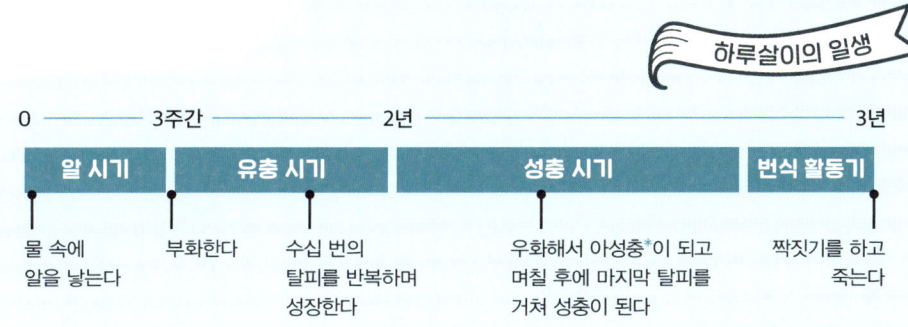

하루살이의 일생

0	3주간	2년	3년
알 시기	유충 시기	성충 시기	번식 활동기
물 속에 알을 낳는다	부화한다 / 수십 번의 탈피를 반복하며 성장한다	우화해서 아성충*이 되고 며칠 후에 마지막 탈피를 거쳐 성충이 된다	짝짓기를 하고 죽는다

아성충 : 하루살이류의 곤충 가운데 애벌레 시기와 성충 시기 사이의 특수한 발육 단계에 있는 곤충

안타까운 정도

왕자님만 기다리다 결국 떨어져 죽는다

암컷은 평생 날갯짓할 수 없다

도롱이벌레

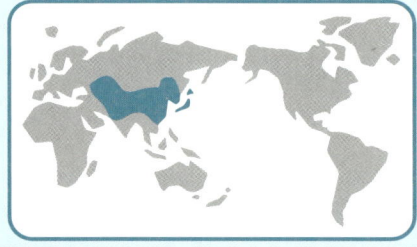

이름	도롱이벌레(주머니나방)
분류	곤충류 나비목 주머니나방과
크기	약 3cm
수명	약 1년
서식지	한국, 일본, 중국, 사할린, 중앙아시아

가지에 매달려 사는 도롱이벌레, 주머니나방과에 속하는 모든 곤충의 애벌레입니다. 마른 가지나 마른 잎 등으로 둥지를 만들며, 그 모양이 도롱이(식물 섬유를 엮어 만든 옛날 우비 및 방한구)를 입고 있는 것 같다고 해서 도롱이벌레라고 불립니다.

겨울이 지나 봄이 되면, 수컷은 도롱이 모양의 둥지 속에서 번데기를 거쳐 성충이 되고 암컷을 찾아 날아다닙니다.

그런데 암컷은 성충이 되어도 날개가 생기지 않습니다. 평생을 도롱이 속에서 수컷이 날아오기만을 기다리며 밖으로 나가지 않죠.

암컷은 수컷과 짝짓기를 하고 도롱이 속에 알을 낳은 뒤, 유충이 부화할 무렵이 되면 도롱이의 구멍으로 떨어져 죽습니다. 이렇게 암컷은 바깥세상을 모르는 채로 일생을 마칩니다.

CHAPTER 1 생명은 덧없이 죽는다

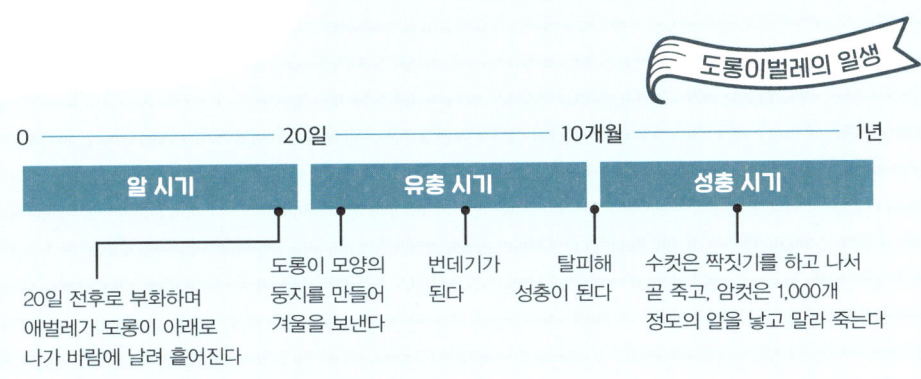

도롱이벌레의 일생

| 0 | 20일 | 10개월 | 1년 |

| 알 시기 | 유충 시기 | 성충 시기 |

- 20일 전후로 부화하며 애벌레가 도롱이 아래로 나가 바람에 날려 흩어진다
- 도롱이 모양의 둥지를 만들어 겨울을 보낸다
- 번데기가 된다
- 탈피해 성충이 된다
- 수컷은 짝짓기를 하고 나서 곧 죽고, 암컷은 1,000개 정도의 알을 낳고 말라 죽는다

안타까운 정도 💧💧💧💧🤍🤍

내가 너무 늦었나?
홀로 빛을 발한다
반딧불이

외롭다……

이름	반딧불이
분류	곤충류 딱정벌레목 반딧불이과
크기	약 1~2cm
수명	약 1년
서식지	한국, 일본

038　CHAPTER 1　덧없이 죽는다

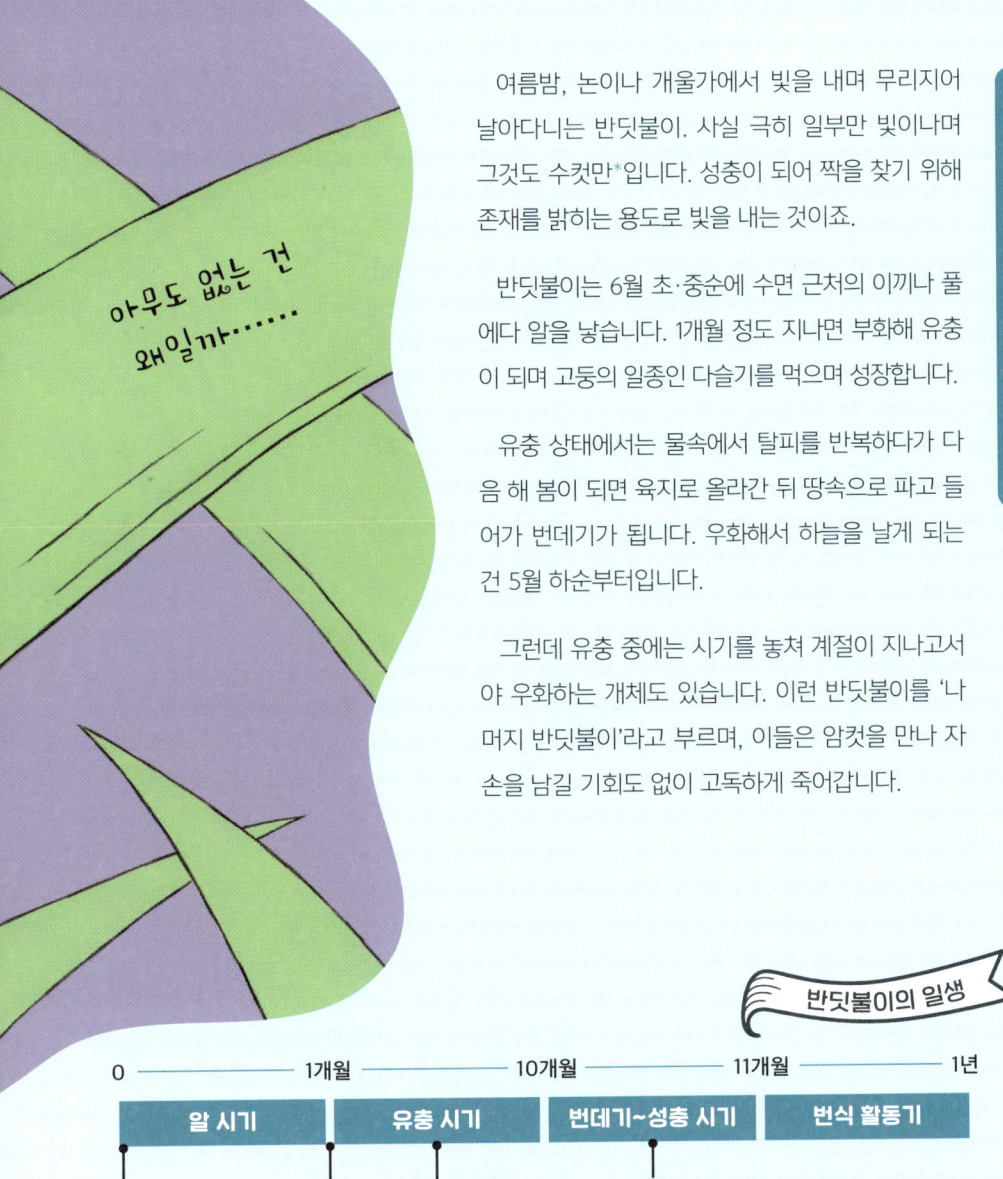

아무도 없는 건 왜일까……

여름밤, 논이나 개울가에서 빛을 내며 무리지어 날아다니는 반딧불이. 사실 극히 일부만 빛이나며 그것도 수컷만*입니다. 성충이 되어 짝을 찾기 위해 존재를 밝히는 용도로 빛을 내는 것이죠.

반딧불이는 6월 초·중순에 수면 근처의 이끼나 풀에다 알을 낳습니다. 1개월 정도 지나면 부화해 유충이 되며 고둥의 일종인 다슬기를 먹으며 성장합니다.

유충 상태에서는 물속에서 탈피를 반복하다가 다음 해 봄이 되면 육지로 올라간 뒤 땅속으로 파고 들어가 번데기가 됩니다. 우화해서 하늘을 날게 되는 건 5월 하순부터입니다.

그런데 유충 중에는 시기를 놓쳐 계절이 지나고서야 우화하는 개체도 있습니다. 이런 반딧불이를 '나머지 반딧불이'라고 부르며, 이들은 암컷을 만나 자손을 남길 기회도 없이 고독하게 죽어갑니다.

CHAPTER 1 생명은 덧없이 죽는다

반딧불이의 일생

0	1개월	10개월	11개월	1년
	알 시기	유충 시기	번데기~성충 시기	번식 활동기

- 물가의 이끼나 풀에 알을 낳는다
- 부화한다
- 물속에서 다슬기를 먹으며 성장한다
- 땅으로 올라와 번데기가 되고 성충이 되어서 짝짓기를 한다

수컷 반딧불이만 빛이 난다? : 반딧불이는 6,000여 종이 존재하며 암컷도 빛을 내는 종이 있지만, 비율적으로 수컷만 빛을 내는 경우가 많다.

반딧불이 내가 너무 늦었나? 홀로 빛을 발한다

안타까운 정도 💧💧💧💧💧

초롱아귀

문 건 나인데… 생식 기능만 남기고 죽는다

덥석!

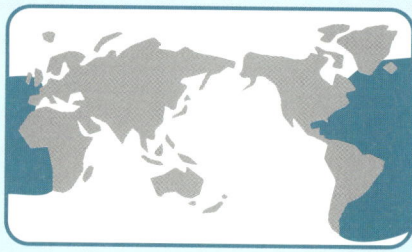

이름	초롱아귀
분류	어류 아귀목 초롱아귀과
크기	수컷: 약 5cm 암컷: 약 40~50cm
수명	약 10년
서식지	주로 대서양

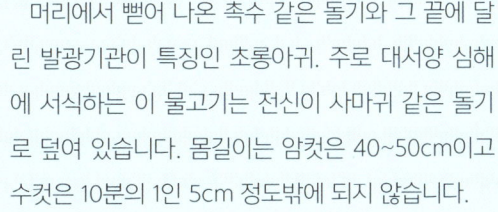

머리에서 뻗어 나온 촉수 같은 돌기와 그 끝에 달린 발광기관이 특징인 초롱아귀. 주로 대서양 심해에 서식하는 이 물고기는 전신이 사마귀 같은 돌기로 덮여 있습니다. 몸길이는 암컷은 40~50cm이고 수컷은 10분의 1인 5cm 정도밖에 되지 않습니다.

초롱아귀도 번식을 위한 짝짓기를 하는데, 그 방법이 매우 독특합니다. 10분의 1 크기밖에 되지 않는 수컷이 암컷을 발견하면 곧장 물어버립니다. 그러면 수컷의 입과 암컷의 피부가 융합하면서 혈관이 이어지죠. 입이 없어진 수컷은 암컷으로부터 영양분을 받아서 생존하게 되며, 머지않아서 정소만 남긴 채 눈과 지느러미와 내장도 잃습니다. 정자의 방출이라는 목표를 완료하고 나면 조용히 생명을 다합니다.

CHAPTER 1 생명은 덧없이 죽는다

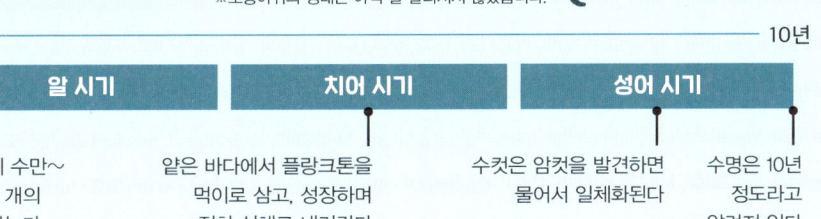

초롱아귀의 일생

※초롱아귀의 생태는 아직 잘 알려지지 않았습니다.

0			10년
알 시기	**치어 시기**	**성어 시기**	
한 번에 수만~수백만 개의 알을 낳는다	얕은 바다에서 플랑크톤을 먹이로 삼고, 성장하며 점차 심해로 내려간다	수컷은 암컷을 발견하면 물어서 일체화된다	수명은 10년 정도라고 알려져 있다

초롱아귀 문 건 나인데… 생식 기능만 남기고 죽는다　　041

안타까운 정도 💧💧💧💧💧

다 크기 전에 잡아먹힌다

…

닭
태어나고 얼마 지나지 않아 출하된다

이름	로드아일랜드레드
분류	조류 닭목 꿩과
크기	약 30~50cm
수명	수컷: 약 70일 암컷: 약 2년
서식지	동남아시아, 중국, 인도를 중심으로 한 전 세계

042　CHAPTER 1　덧없이 죽는다

전 세계에서 사육하는 닭. 그 수가 약 200억 마리 정도라고 합니다. 달걀을 얻으려는 목적의 '산란계'와 고기를 목적으로 하는 '육용계'로 나뉩니다. 그런데 로드아일랜드레드라는 종은 달걀도 잔뜩 낳고, 고기도 고급이어서 '난육겸용' 닭으로 유명합니다.

애완용 닭의 수명은 10년이라는데, 사육되는 닭의 일생은 아주 짧습니다. 알에서 깨어나 며칠 후 암컷인 병아리들만 산란용으로 창문이 없는 어두운 닭장에 갇힙니다. 수컷은 부화한 지 40~50일 정도면 식육용으로 출하되어서 그 생애를 마감하죠. 암컷들은 120일 정도 후부터 알을 낳기 시작해서 약 1년 반을 지내다가 결국 식육용으로 생을 마감합니다.

CHAPTER 1 생명은 덧없이 죽는다

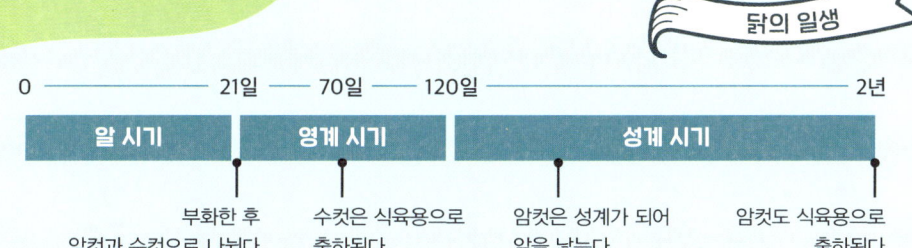

닭의 일생

0	21일	70일	120일	2년
알 시기		영계 시기		성계 시기
	부화한 후 암컷과 수컷으로 나뉜다	수컷은 식육용으로 출하된다	암컷은 성계가 되어 알을 낳는다	암컷도 식육용으로 출하된다

닭 태어나고 얼마 지나지 않아 출하된다

안타까운 정도 💧💧💧🤍🤍

세상은 좁아!
실험실 안에서 평생을 보낸다

생쥐

이름	생쥐
분류	포유류 설치목 쥐과
크기	약 7cm
수명	약 1~2년(실험용)
서식지	유럽, 아프리카, 아시아, 일본 ※ 토착 원생종의 경우

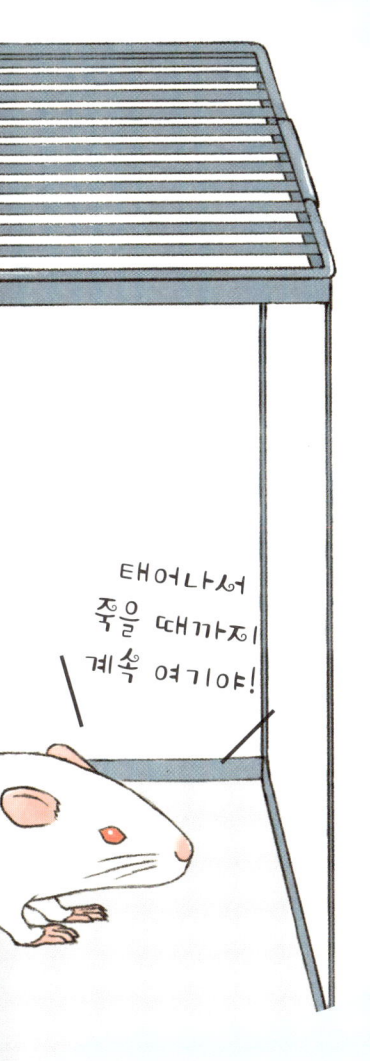

태어나서 죽을 때까지 계속 여기야!

CHAPTER 1 생명은 덧없이 죽는다

생쥐의 일본명은 하쓰카(20일) 네즈미(쥐)인데, 일반적인 임신 기간이 20일 정도라는 특징에서 온 이름이라고 합니다. 실험용 생쥐의 평균 수명은 1~2년 정도지만, 임신 기간이 짧아서 1년에 5~10회나 임신을 반복합니다. 한 번의 출산으로 태어나는 건 5~6마리이며, 새끼는 생후 몇 개월이면 임신이 가능한 성체가 됩니다.

이렇게 짧은 시간 만에 성장하고 번식한다는 성질 때문에 생쥐는 제약이나 의료를 비롯한 다양한 분야에서 실험용으로 이용됩니다.

야생의 생쥐보다 오래 사는 경우가 많다지만, 태어나서 태양도 보지 못한 채로 케이지 안에서 죽음만 기다릴 뿐인 가혹한 운명입니다.

생쥐의 일생

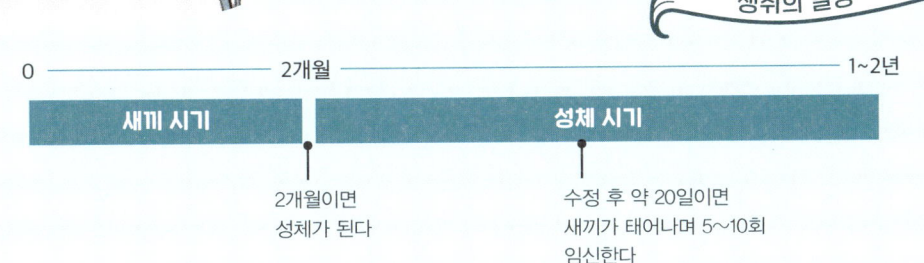

0	2개월		1~2년
새끼 시기		**성체 시기**	
	2개월이면 성체가 된다	수정 후 약 20일이면 새끼가 태어나며 5~10회 임신한다	

생쥐 세상은 좁아! 실험실 안에서 평생을 보낸다

안타까운 정도 💧💧💧💧💧

이게 내 운명?
결국엔 잡아

어디로 끌려가는 걸까
......

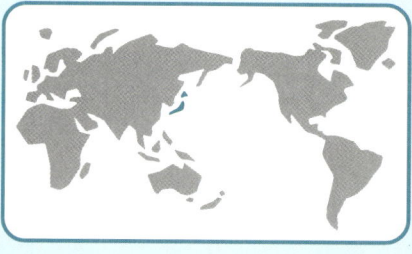

이름	일본소(화우*; 와규)
분류	포유류 우제목 소과
크기	약 170cm
수명	약 20년 / 육우는 생후 28개월
서식지	일본

CHAPTER 1 덧없이 죽는다

소
먹힌다

일본산 소고기 중에서 특히 맛있는 것이 암소라고 합니다. 암소 고기는 수소보다 부드럽고 기름기도 올라 있기 때문입니다. 그중에서도 '미경산우'라고 해서 아직 출산 경험이 없는 암소가 최상입니다. 미경산우는 태어나서 28~30개월 후에 식육용으로 출하되어 생을 마칩니다.

수소는 성장하면서 고기가 딱딱해지기 때문에, 생후 반년 정도에 거세를 시키고 약 28개월이 되면 육우로 출하됩니다.

송아지를 낳는 출산 역할의 암소는 생후 15개월 정도부터 임신을 할 수 있고, 인공수정으로 임신해 새끼를 낳습니다. 10년 정도가 지나면 결국 식육용으로 출하되지만요.

CHAPTER 1 생명은 덧없이 죽는다

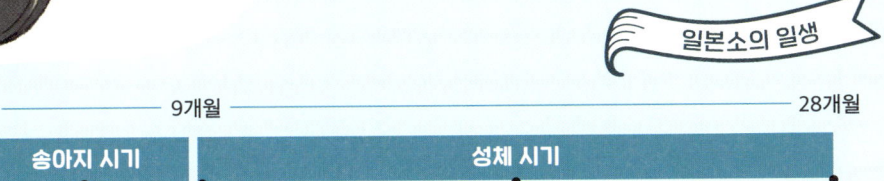

일본소의 일생

| 0 ——— 9개월 ——————————————— 28개월 |
| 송아지 시기 | 성체 시기 |

- 송아지 시장에 출하된다
- 비육 농가에서 송아지를 매입한다
- 매일 사료를 잔뜩 먹으며 성장한다
- 생후 28개월 정도에 출하된다

―――
화우 : 일본에서 먹는 용도로 개량되어 사육되는 일본산 소, 와규.

소 이게 내 운명? 결국엔 잡아먹힌다 **047**

> 안타까운 정도 💧💧💧💧💧

> 우기에만 활동하면 돼

빨리 죽는 게 생존전략?
라보드카멜레온

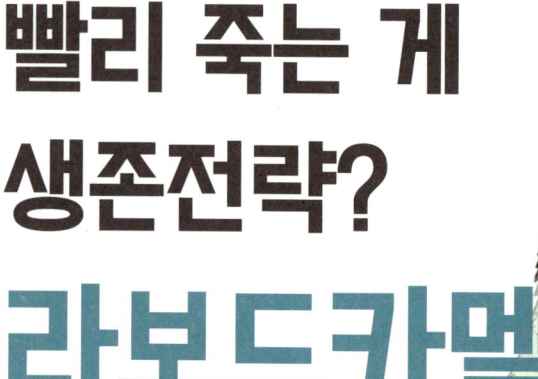

이름	라보드카멜레온
분류	파충류 뱀목 카멜레온과
크기	약 15~30cm
수명	약 1년
서식지	마다가스카르섬 남서부

CHAPTER 1 덧없이 죽는다

CHAPTER 1 생명은 덧없이 죽는다

　라보드카멜레온은 마다가스카르섬이라는 건조하고 나무가 듬성듬성 자라는 삼림에 서식합니다. 이 카멜레온의 특징은 수명이 몹시 짧다는 것입니다. 알 시기를 포함해도 약 1년, 알에서 나온 후에는 약 5개월밖에 되지 않습니다.

　우기가 시작되는 11월 상순에 부화해 하루에 수 밀리미터씩 성장하며 2개월 만에 성체가 되어 번식 활동을 시작합니다. 그렇게 알에서 부화한 지 4개월 후인 3월이 되면, 알을 낳고서 노쇠해 죽고 맙니다. 4월부터 매우 더운 건기가 시작되기 때문이죠.

　라보드카멜레온은 우기에 부화해서 그사이에 자손을 남기고, 견디기 힘든 건기는 알인 상태로 넘기는 전략으로 몇백만 년이나 계속 살아온 것입니다.

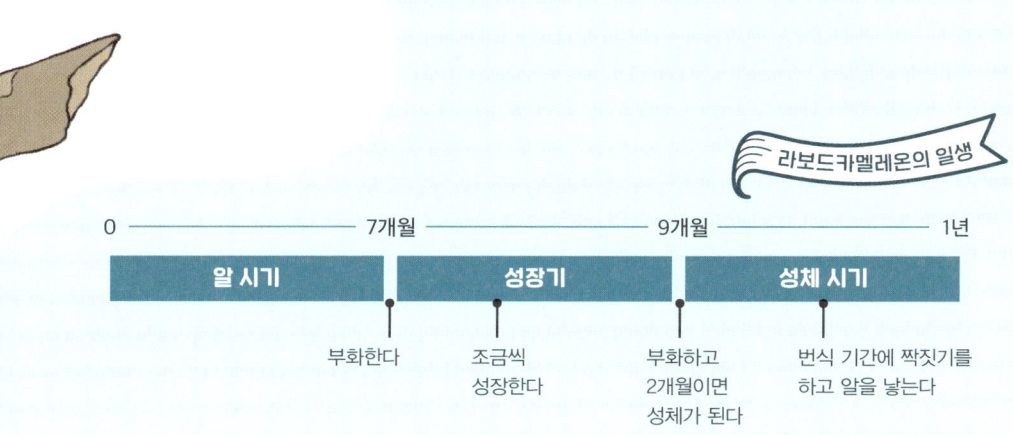

라보드카멜레온의 일생

0	7개월	9개월	1년
알 시기	성장기		성체 시기
	부화한다	조금씩 성장한다	부화하고 2개월이면 성체가 된다	번식 기간에 짝짓기를 하고 알을 낳는다

라보드카멜레온　빨리 죽는 게 생존전략?

가장 마음이 편한 장소는 어디? 고양이가 죽기 전에 보이는 행동

고양이는 죽기 전에 모습을 감춘다, 라는 이야기를 들어본 적 있지 않나요? 이게 정말일까요?

옛날에는 지금처럼 집에서 키우는 고양이는 적었고, 집과 밖을 자유롭게 나다니는 고양이가 대부분이었습니다. 어느 날 갑자기 사라지거나, 사람의 눈에 띄지 않는 장소에서 조용히 죽어있는 모습을 발견하게 되는 경우가 많았던 이유입니다. 이런 일들 때문에 '고양이는 죽을 때를 알아차리면 모습을 감춘다'라고 믿게 되었죠. 하지만 고양이가 모습을 감추는 건 따로 이유가 있습니다. 몸 상태가 좋지 않으면 조용한 곳에서 쉬는 특성이 있기 때문입니다. 그래서 마루 아래나 좁은 틈에 몸을 숨기는데, 종종 회복하지 못하고 그대로 죽었기에 이런 얘기가 있는 것 같습니다.

동물행동학자인 데즈먼드 모리스 박사는 "고양이에게는 '자신의 죽음'이라는 개념이 없어서 아무리 상태가 좋지 않아도 자신의 죽음을 예측할 수 없다"라고 말합니다. 동물들이 자신의 몸 상태가 좋지 않을 때 느끼는 불쾌감은 적으로부터 위협을 당할 때의 위기감과 비슷하다고 하며, 그래서 고양이는 몸을 숨기는 행동을 취하는 것이라고 합니다. 고양이는 죽기 전에 가장 안전한 장소, 안심할 수 있는 장소를 찾는 것이라고도 말할 수 있겠습니다.

반려동물로 새끼일 때부터 함께한 고양이는 죽기 전에 반려인에게 어리광을 부리는 고양이도 많다고 합니다. 갑자기 가까이 다가온다거나, 누워만 있던 고양이가 갑자기 기운을 내거나, 울음소리를 낸다고 합니다. 마치 이별 인사 같아서 아주 슬픈 이야기지만, 자신의 불쾌한 감정을 누그러트리려고 어리광을 피우고 있는 것입니다. 불안해하지 않도록 가능한 한 옆에 있어 주며 고양이가 안심하고 최후를 맞이할 수 있게 해 줍시다.

Chapter 2

참고 견
죽는다

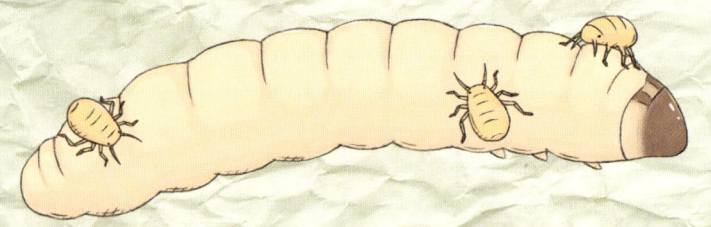

디다

세상에는 인간이 견디기 힘든 환경이나 시련에 맞서며 살아가는 생물들이 있습니다. 가혹한 환경에서 지낸다든지 죽을 때까지 생명의 위협을 받는다든지 말이죠. 그런 생물들의 살아가는 모습과 마지막을 살펴봅시다.

안타까운 정도 💧💧💧🤍🤍

너무 힘들어…
새끼를 키우다
과로사한다
황제펭귄

이름	황제펭귄
분류	조류 펭귄목 펭귄과
크기	약 100~130cm
수명	약 15~20년
서식지	남극대륙

> 계속 따뜻하게
> 알을 품고 있다
> ……

CHAPTER 2 참고 견디다 죽는다

황제펭귄은 남극이 겨울을 향하는 6월 무렵, 해안에서 100km나 떨어진, 얼음으로 덮인 벌판에서 알을 낳습니다.

암컷은 먹이인 물고기를 잡기 위해 멀리 떨어진 바다까지 걸어가고, 수컷은 부화할 때까지 알을 따뜻하게 품는 역할을 합니다. 겨울이 되면 기온이 영하 60도까지 내려가는데, 수컷은 알을 발 위에 올린 채로 먹지도 마시지도 않고 암컷이 물고기를 잡아서 돌아오기까지 약 60일 동안 알을 계속 품습니다.

암컷이 돌아오기 전에 새끼가 알을 깨고 나와버리면, 수컷은 식도에서 '펭귄밀크'라고 하는 영양물을 토해내어 새끼에게 줍니다. 오래간 암컷이 돌아오지 않으면 기다리다 지쳐 쓰러지기도 하지만, 돌봄을 포기하고 먹이를 찾으러 떠나기도 합니다. 기본적으로 수컷이 아사하는 일은 없습니다. 알은 다음 해에 또 낳아서 키우면 되는 것이니까요.

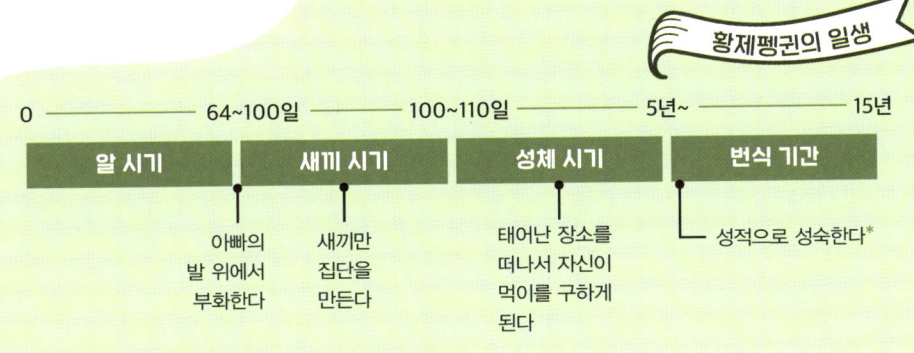

황제펭귄의 일생

0	64~100일	100~110일	5년~	15년
알 시기	**새끼 시기**	**성체 시기**	**번식 기간**	
아빠의 발 위에서 부화한다	새끼만 집단을 만든다	태어난 장소를 떠나서 자신이 먹이를 구하게 된다	성적으로 성숙한다*	

성적 성숙 : 새끼에서 번식이 가능한 육체가 되는 몸의 변화가 일어나는 것을 말한다.

황제펭귄 너무 힘들어… 새끼를 키우다 과로사한다

안타까운 정도 ♦♦♦◇◇

매일 맹수와 술래잡기하다

설마……

이름	사바나얼룩말
분류	포유류 말목 말과
크기	약 2m
수명	약 15~20년
서식지	아프리카 동부~남부

죽는다 얼룩말

CHAPTER 2 참고 견디다 죽는다

아프리카 사바나에 사는 얼룩말은 언제나 사자 같은 육식 맹수에게 위협을 받으며 살아갑니다. 얼룩말 새끼가 태어나서 몇 시간 만에 일어설 수 있는 건, 그렇게 하지 않으면 육식동물에게 잡아먹히기 때문이죠. 태어난 얼룩말 중에 성체로 성장할 수 있는 개체는 극히 소수입니다.

성체가 되었다고 해도 방심은 금물! 도망치는 게 아주 조금만 늦어도 육식동물의 먹이가 되고 말죠. 사자에게 잡혔다가는 산 채로 잡아먹힙니다. 사자가 아니더라도, 부상이나 병으로 움직일 수 없게 되거나 나이를 먹으면 독수리들의 표적이 되어 잡아먹히게 됩니다. 얼룩말은 정말 나이 먹어서 죽기는 힘든 동물입니다.

얼룩말의 일생

0	2~3년	5년		20년
	새끼 시기	성체 시기	번식 기간	
	태어나서 몇 시간이면 일어서며 새끼일 때는 갈색과 흰색 줄무늬	점차 성적으로 성숙하며 성체가 되어 간다	수컷은 무리를 떠나 여러 마리의 암컷과 새끼들로 이루어진 무리를 만든다	수명까지 살 수 있는 확률은 매우 낮다

얼룩말 매일 맹수와 술래잡기하다 죽는다

> 안타까운 정도 💧💧💧💧💧

생의 마지막 반짝임!
거스르고 거슬러
고향으로 향한다

이름	흰연어
분류	어류 연어목 연어과
크기	약 50~70cm
수명	약 3~5년
서식지	동해, 오호츠크해, 베링해

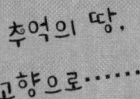

추억의 땅,
고향으로……!

연어

CHAPTER 2 참고 견디다 죽는다

연어는 여름에서 가을을 걸쳐 강바닥에 알을 낳습니다. 약 60일 만에 부화하고 그로부터 50일 정도가 지나면 치어들은 무리를 이루어 강을 내려가죠. 3~5년 정도 자라서 몸길이가 50~70cm가 되면 다시 산란을 위해 태어난 고향인 강 상류로 향합니다.

왜 굳이 상류로 돌아가냐면, 알을 먹는 포식자가 적기 때문입니다. 알을 지키기 위해 강을 거슬러 오르는 어려움도 극복해내는 것이죠. 산란에 적합한 장소를 발견하면 암컷이 꼬리지느러미로 강바닥을 파서 알을 낳고, 그 순간에 수컷이 알에다 정자를 방출합니다. 이어서 암컷이 강바닥의 모래를 알에다 뿌리죠.

기나긴 귀향길에 이어 산란에 온 힘을 쏟은 연어는 먹이를 섭취할 힘도 없어서 며칠 안에 죽고 맙니다. 죽음으로 향하는 길이지만, 열심히 강을 거슬러 삶을 다하는 모습에서 아름다움이 느껴집니다.

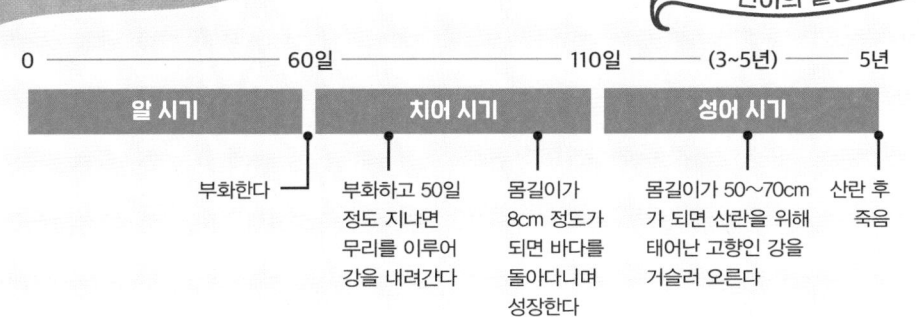

연어의 일생

0	60일	110일	(3~5년)	5년
알 시기		치어 시기		성어 시기
부화한다	부화하고 50일 정도 지나면 무리를 이루어 강을 내려간다	몸길이가 8cm 정도가 되면 바다를 돌아다니며 성장한다	몸길이가 50~70cm가 되면 산란을 위해 태어난 고향인 강 거슬러 오른다	산란 후 죽음

연어 생의 마지막 반짝임! 거스르고 거슬러 고향으로 향한다

안타까운 정도 💧💧💧💧💧

나를 먹고 살아가렴…!

집게벌레
갓 태어난 새끼에게 생명을 바친다

이름	혹집게벌레
분류	곤충류 집게벌레목 집게벌레과
크기	약 1.5cm
수명	약 1년
서식지	한국, 일본, 중국, 러시아

CHAPTER 2 참고 견디다 죽는다

돌이나 낙엽의 아래 등 햇볕이 닿지 않는 습한 곳에 사는 집게벌레. 많은 곤충이 알만 낳고서 육아는 나 몰라라 하지만, 집게벌레는 유충이 독립할 때까지 돌보는 곤충입니다.

성충인 채로 겨울을 나고 겨울 끝에서 봄에 걸쳐 돌 아래에 알을 낳습니다. 그리고 부화할 때까지 둥지 안에서 계속 알을 돌보죠.

집게벌레는 다른 곤충을 사냥감으로 삼는 육식곤충입니다. 막 알을 깨고 나온 배고픈 유충이 어미에게 모여들어 어미의 몸을 먹기 시작하는데, 어미는 아무런 저항을 하지 않죠. 어미가 먹이가 되지 않으면 유충이 굶어 죽기 때문입니다. 어미를 다 먹은 유충은 각각 둥지를 떠납니다.

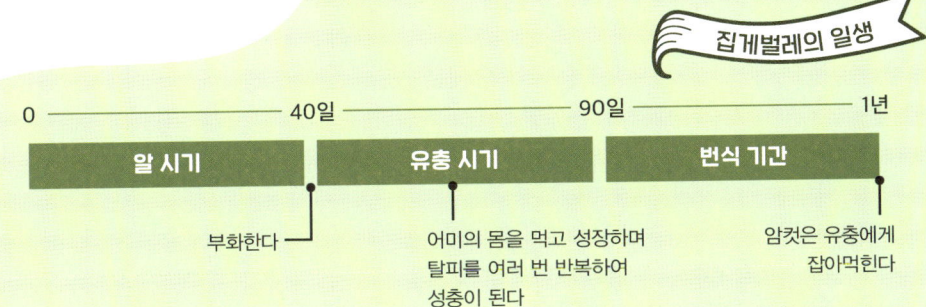

집게벌레의 일생

0	40일	90일	1년
알 시기	유충 시기	번식 기간	

- 부화한다 (40일)
- 어미의 몸을 먹고 성장하며 탈피를 여러 번 반복하여 성충이 된다 (90일)
- 암컷은 유충에게 잡아먹힌다 (1년)

집게벌레 갓 태어난 새끼에게 생명을 바친다

안타까운 정도 💧💧💧🤍🤍

전투! 싸우기 위해 태어난 전사

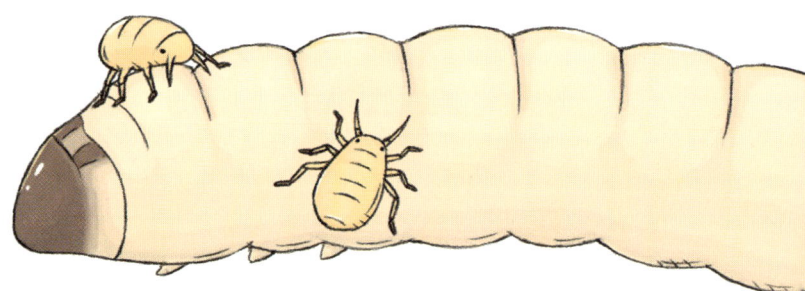

병정진딧물

이름	때죽납작진딧물
분류	곤충류 노린재목 진딧물과
크기	약 2~3mm
수명	약 1개월(알을 포함하면 약 7개월)
서식지	전 세계

식물의 해충으로 알려진 진딧물은 두 종류의 계급이 있습니다. 알을 낳을 수 있는 진딧물과 외부의 적과 싸우는 병정진딧물입니다. 어미 진딧물은 짝짓기를 하지 않고서 암컷 유충을 낳기 때문에 진딧물 집단은 모두 같은 유전자를 지니고 있습니다.

태어난 유충은 성충이 되는 것과 병정이 되는 것으로 나뉩니다. 병정이 된 진딧물은 유충인 채로 싸우며 단백질 분해 효소(프로테아제)를 가진 날카로운 독침으로 적을 공격합니다. 인간도 쏘이면 통증을 느낄 정도로 강력한 독침이지만, 전투가 벌어지면 결국 대부분 사망에 이릅니다. 우화한 후의 수명은 약 1개월 정도입니다. 병정진딧물은 싸우기 위해 태어나서 덧없이 져버리는 운명을 지녔습니다.

CHAPTER 2 참고 견디다 죽는다

천적을 해치워라!
거기에 목숨을 바친다!!

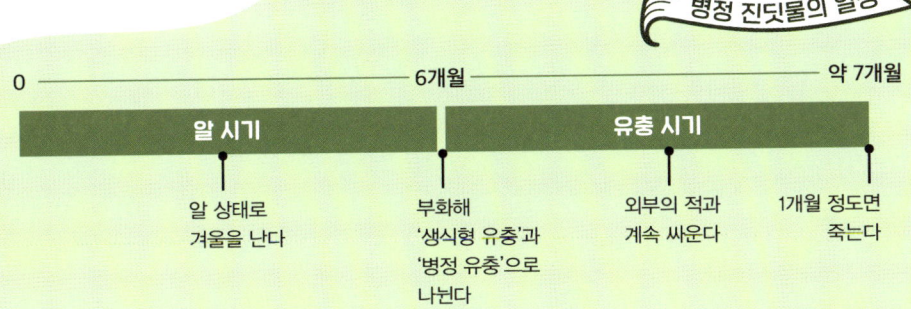

병정 진딧물의 일생

0	6개월	약 7개월
알 시기	유충 시기	
알 상태로 겨울을 난다	부화해 '생식형 유충'과 '병정 유충'으로 나뉜다	외부의 적과 계속 싸운다	1개월 정도면 죽는다

안타까운 정도 💧💧💧🤍🤍

자기도 모르게
벌에게 계속 이용당한다

여기에
알 낳지 마…!

배추흰나비 애벌레

이름	배추흰나비 애벌레
분류	곤충류 나비목 흰나비과
크기	약 3~4cm
수명	2~3주
서식지	한국, 일본, 중국, 유럽, 북아메리카, 뉴질랜드

> CHAPTER 2 참고 견디다 죽는다

배추흰나비 애벌레는 배추흰나비의 유충입니다. 이 애벌레가 가장 좋아하는 건 양배추이지만, 먹으면 '카이로몬'이라 불리는 화학물질을 내뿜게 되어 재앙을 불러옵니다. 이 물질에 고치벌 암컷이 이끌려 날아와 배추흰나비 애벌레의 몸에다 수십 개의 알을 낳기 때문이죠.

알은 3일 정도면 애벌레의 몸속에서 부화해 유충이 되고, 애벌레의 체액을 계속 빨아들입니다. 그렇게 2주 정도가 지나면 유충이 밖으로 나와서 애벌레 위에다 노란 고치 뭉치를 만들죠. 그때까지도 배추흰나비 애벌레는 벌에게 조종당해서 고치로 다가오는 적을 물리칩니다. 벌이 성충이 될 즈음 애벌레는 체력이 다해 죽어가기 시작합니다. 벌에게 기생 당해 죽을 때까지도 계속 이용만 당한다니, 정말 안타까운 삶이에요.

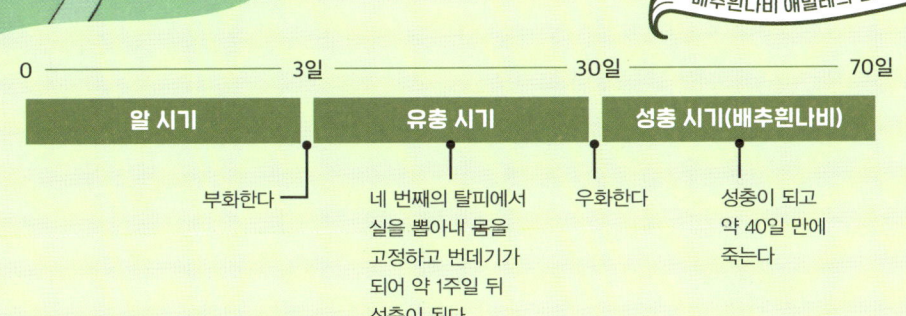

배추흰나비 애벌레의 일생

0	3일	30일	70일
알 시기	유충 시기	성충 시기(배추흰나비)	
부화한다	네 번째의 탈피에서 실을 뽑아내 몸을 고정하고 번데기가 되어 약 1주일 뒤 성충이 된다	우화한다	성충이 되고 약 40일 만에 죽는다

안타까운 정도 💧💧💧💧🤍

일만 잔뜩 하다가 생을 마친다

말벌이다! 도망쳐!!

이름	꿀벌
분류	곤충류 벌목(막시목) 꿀벌과
크기	약 1.5cm
수명	약 60일
서식지	아시아, 유럽, 아프리카

066　CHAPTER 2　참고 견디다 죽는다

CHAPTER 2 참고 견디다 죽는다

　수백~수만 마리가 하나의 집단을 형성하는 꿀벌은 고도의 사회성을 가지고 있는 곤충입니다. 알을 낳는 한 마리의 여왕벌과 수백~수천 마리 정도의 수벌, 그리고 수만마리의 일벌로 이루어져 있습니다. 일벌은 전부 암컷입니다.

　평생을 일하다가 죽는 일벌의 성충 시기는 1개월 정도입니다. 둥지 청소와 유충을 돌보는 일부터 시작해서, 곧 여왕벌 돌보기나 둥지 만들기, 모아 온 꿀 관리, 문지기 등의 일을 하게 됩니다.

　수명이 2주일 정도 남았을 때부터 꿀을 모아 오는 일을 맡게 됩니다. 둥지 밖을 날아다니는 건 죽음과 가까운 일이어서 목숨을 잃는 경우가 많기 때문이죠. 나이가 들어 생이 얼마 남지 않은 일벌에게 주어지는 마지막 임무입니다.

꿀벌

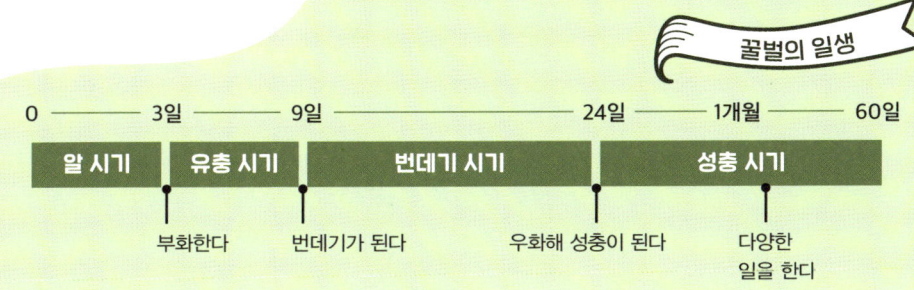

꿀벌의 일생

0	3일	9일	24일	1개월	60일
알 시기	유충 시기	번데기 시기		성충 시기	
	부화한다	번데기가 된다	우화해 성충이 된다	다양한 일을 한다	

꿀벌 일만 잔뜩 하다가 생을 마친다

안타까운 정도 💧💧💧💧🤍🤍

방아깨비

내가 죽을 곳은 여기로 정했다…

풀 위에서 조용히 죽음을 기다린다

이름	방아깨비
분류	곤충류 메뚜기목 메뚜기과
크기	약 5~8cm
수명	약 1년
서식지	한국, 일본, 타이완, 중국

방아깨비는 장마 끝 무렵에 성충이 되며 최대 몸길이가 8cm나 되는 매우 큰 메뚜기입니다.

종종 이파리 위에서 하얗게 말라 미라처럼 변한 채 죽어 있는 모습이 발견되는데, '엔토모파가 그릴리'라는 병원균에 감염된 탓입니다. 이 균의 포자가 방아깨비와 만나면 몸속에서 증식하기 시작해 곰팡이 상태의 균사를 만들어 수분을 빼앗고 몸이 굳게 만듭니다. 이파리 끝에 올라가 죽는 이유는 균에게 조종당해서 포자를 날리기 좋은 위치인 높은 곳에서 죽는 거라는 이야기가 있습니다.

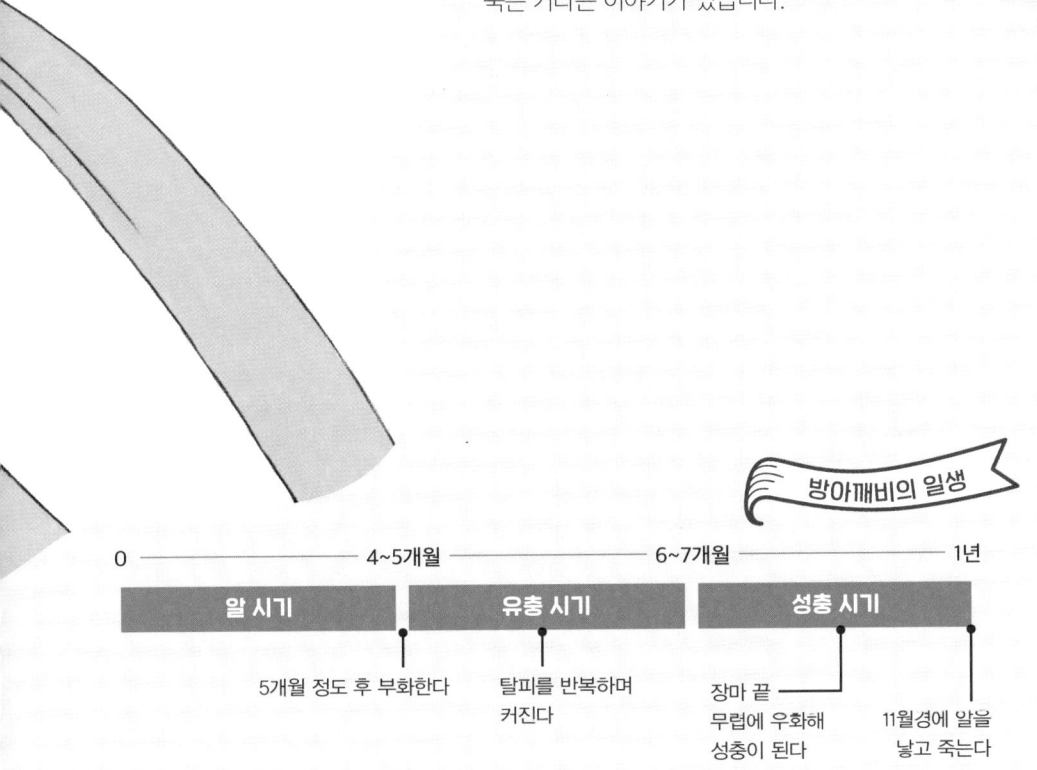

방아깨비의 일생

0	4~5개월	6~7개월	1년
알 시기	유충 시기	성충 시기	
5개월 정도 후 부화한다	탈피를 반복하며 커진다	장마 끝 무렵에 우화해 성충이 된다	11월경에 알을 낳고 죽는다

방아깨비 풀 위에서 조용히 죽음을 기다린다

죽은 주인을
하염없이 기다리던
하치

도쿄 시부야역 앞에는 약속 장소로 유명한 "충견 하치"의 동상이 있습니다. '주인을 계속 기다린 개'로 알려진 하치는 대체 어떤 생을 살다가 어떤 마지막을 맞이했을까요?

하치는 1923년 아키타현에서 태어났고, 얼마 지나지 않아 도쿄대학 농학부 박사였던 우에노 에이자부로에게 맡겨졌습니다. 함께 생활을 시작한 뒤로 박사가 출근할 때면 하치는 시부야역의 개찰구나 대학까지 배웅하러 갔고, 퇴근할 때도 마중을 나갔습니다. 평온한 하루하루가 계속되었지만, 이 일과는 겨우 1년 만에 끝을 맞이했죠. 어느 날 저녁, 하치는 평소와 다름없이 대학 교문까지 마중을 나갔지만, 박사를 만날 순 없었습니다. 슬프게도 박사가 뇌졸중으로 쓰러져 급사해버린 것입니다. 박사의 장례가 치러지는 동안에도 아무것도 모르는 하치는 시부야역으로 이동해 계속해서 기다릴 뿐이었습니다.

결국 하치는 시부야에서 아주 먼 곳에 사는 박사 아내의 친척에게 맡겨졌습니다. 그런데도 하치는 매일같이 박사를 마중하려고 시부야역으로 뛰어가 같은 장소에서 하염없이 기다렸습니다. 오가는 길에 들개에게 습격받아 귀에 큰 상처를 입기도 하면서도, 무려 10년 남짓한 기간을요.

이런 하치의 모습을 눈여겨본 기자가 동경 아사히 신문에 이야기를 게재하

• •

면서 하치는 전국적으로 유명해졌습니다. 사람들은 자기 몸을 돌보지 않고 박사를 기다리는 하치에게 경의를 표하며 "하치 공"이라고 부르곤 했죠.

이런 하치의 마지막은 갑작스러웠습니다. 1935년 3월 8일, 시부야 강을 건너는 이나리 다리 부근에서 죽은 채로 발견되었습니다. 약 11년의 생애였습니다. 하치를 아는 사람들은 하치의 죽음을 슬퍼하며 시부야역 앞에 공물을 바쳤습니다. 도립 아오야마 영원에 있는 우에노 가문의 묘소에 하치의 묘비가 세워졌고, 지금도 전 세계에서 하치를 기억하는 사람들이 방문합니다.

Chapter 3

운이 없어 죽는다

서

갑작스러운 사고나 슬픈 운명으로 죽는 생물들이 있습니다. 사고로 인한 죽음은 피하고 싶은 일이지만, 기묘한 습성 때문에 죽음을 맞이하는 생물도 있죠. 슬프고도 독특한 생물들의 죽음을 살펴봅시다.

안타까운 정도 💧💧💧💧🌢

어라?
뿔이 엉켜서
죽는 동물도 있다
말코손바닥사슴

이름	말코손바닥사슴
분류	포유류 소목 사슴과
크기	약 2~3m
수명	약 15년
서식지	알래스카, 캐나다, 북부 유럽

074　CHAPTER 3　운이 없어서 죽는다

CHAPTER 3 운이 없어서 죽는다

말코손바닥사슴은 사슴 중에서 몸집이 큰 편에 속합니다. 수컷은 길이가 2m나 되는 거대한 주걱 모양의 뿔이 있죠. 이 뿔은 봄이 되면 자연스럽게 떨어지고 다시 자랍니다. 매년 봄부터 여름에 걸쳐 자라서 번식기인 초가을 무렵이면 충분히 자라납니다.

9월부터 10월이 되면 수컷은 암컷의 눈길을 끌기 위해서 큰 소리로 울기 시작합니다. 평소에는 단독으로 행동하지만, 이때는 두루 모여서 암컷을 두고 뿔을 맞대며 싸웁니다. 운이 나쁠 때는 싸우다가 서로의 뿔이 얽혀서 풀리지 않기도 하는데, 제대로 움직일 수 없어서 결국은 굶어 죽고 맙니다.

움직일 수가 없어 ……!

말코손바닥사슴의 일생

0	1년 6개월		15년
새끼 시기	번식 기간		
생후 5일이면 달릴 수 있으며 다음 해 번식기(가을)가 올 때까지 어미와 생활한다	수컷은 가을이 되면 암컷을 두고 싸운다	암컷은 봄에 1~2마리의 새끼를 낳는다	

말코손바닥사슴 어라? 뿔이 엉켜서 죽는 동물도 있다

안타까운 정도

모두 모두
죽어가······.

살아남을 확률이 고작
1억 5,000만 분의 1?!

이름	개복치
분류	어류 복어목 개복치과
크기	약 2.7m
수명	약 20년(추정)
서식지	전 세계의 온대·열대 바다

CHAPTER 3 운이 없어서 죽는다

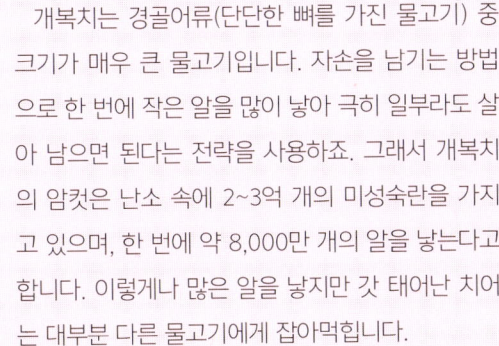

개복치는 경골어류(단단한 뼈를 가진 물고기) 중 크기가 매우 큰 물고기입니다. 자손을 남기는 방법으로 한 번에 작은 알을 많이 낳아 극히 일부라도 살아 남으면 된다는 전략을 사용하죠. 그래서 개복치의 암컷은 난소 속에 2~3억 개의 미성숙란을 가지고 있으며, 한 번에 약 8,000만 개의 알을 낳는다고 합니다. 이렇게나 많은 알을 낳지만 갓 태어난 치어는 대부분 다른 물고기에게 잡아먹힙니다.

개복치의 알 중에 살아남아 성어가 되는 것이 2마리라고 하면, 그 확률은 1억 5,000만분의 1입니다. 복권 1등 당첨 확률보다 훨씬 낮은 확률입니다.

CHAPTER 3 운이 없어서 죽는다

개복치의 일생

※개복치의 생태는 아직 잘 알려지지 않았습니다.

0			20년
알 시기	**치어 시기**	**성어 시기**	
약 8,000만 개의 알을 낳는다	부화한다	조금씩 커진다	번식 기간	바다를 돌아다닌다

개복치 살아남을 확률이 고작 1억 5,000만 분의 1?! 077

안타까운 정도 💧💧💧💧💧

그물이 엉켜서 움직일 수가 없어!

숨을 못 쉬어서 익사한다
바다거북

이름	바다거북
분류	파충류 거북목 바다거북과
크기	약 90cm(등딱지의 길이)
수명	약 50~100년
서식지	열대 · 아열대 바다

078　CHAPTER 3　운이 없어서 죽는다

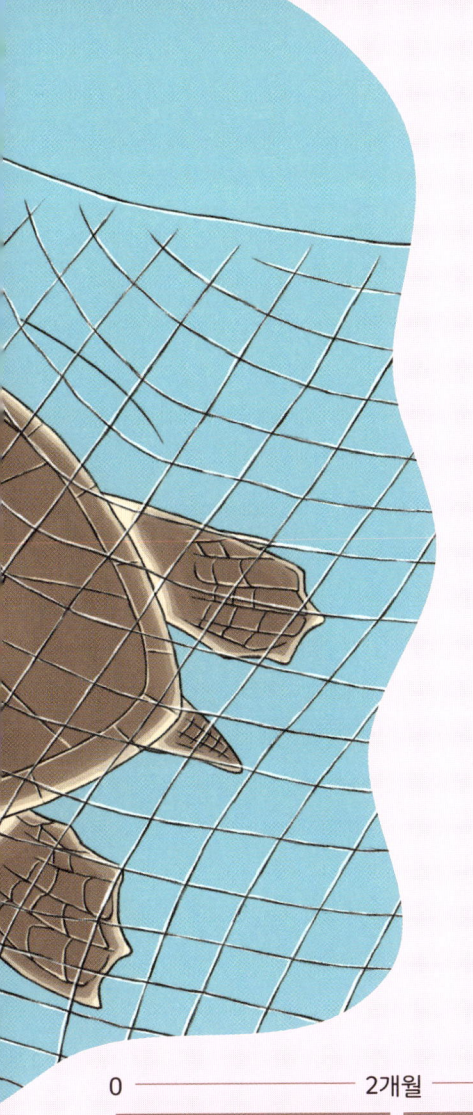

바다거북은 전 세계에서 멸종 위기일 정도로 수가 줄어들고 있습니다. 주된 원인으로 지목되는 건 남획과 알을 낳을 수 있는 모래사장의 감소, 그리고 그물망 등에 걸려서 익사하는 사고입니다.

바다거북은 물고기처럼 아가미로 호흡하지 않고, 인간처럼 폐호흡을 합니다. 그래서 가끔 수면 위로 올라가 숨을 쉬어야만 하는데, 고기잡이 그물 등에 걸려서 움직이지 못해 익사하고 마는 사례가 많이 보고되고 있습니다. 바다거북이가 물에 빠져서 죽는다니, 정말 불운하다고 말할 수밖에 없습니다.

알에서 성체가 되는 바다거북이는 1,000만분의 1 정도입니다.

CHAPTER 3 운이 없어서 죽는다

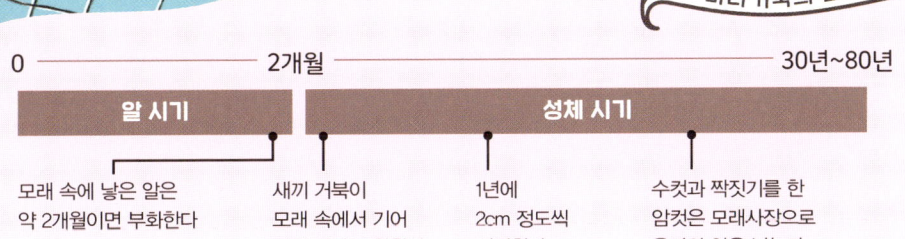

바다거북의 일생

0	2개월			30년~80년
알 시기		성체 시기		
모래 속에 낳은 알은 약 2개월이면 부화한다	새끼 거북이 모래 속에서 기어 나와 바다로 향한다	1년에 2cm 정도씩 성장한다		수컷과 짝짓기를 한 암컷은 모래사장으로 올라와 알을 낳는다

바다거북 숨을 못 쉬어서 익사한다

안타까운 정도 💧💧💧💧💧

영원의 사랑?
부부가 평생을 함께한다

죽음이 우릴 갈라놓을 때까지……!

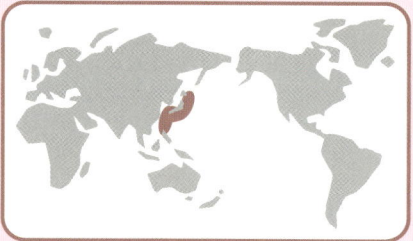

이름	해로새우
분류	갑각류 십각목 해로새우과
크기	약 2~3cm
수명	약 6년(사육 기록)
서식지	한국(제주), 일본, 필리핀

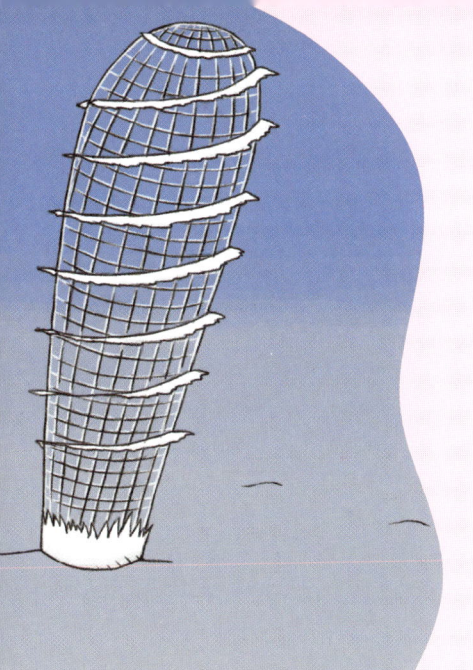

CHAPTER 3 운이 없어서 죽는다

심해 1,000m 부근에 해로동혈이라는 해로동굴해면류가 서식하고 있습니다. 몸은 원통형이고 유리질 섬유로 된 바구니 모양의 골격을 가졌으며 내부에 넓은 공간이 있습니다. 먹이는 플랑크톤 등입니다.

이러한 해로동혈 내부에 해로새우가 서식합니다. 해로새우는 몸이 작을 때 해로동혈의 틈을 비집으며 속으로 들어갑니다. 처음에는 성별이 나뉘어 있지 않다가 내부에서 만난 두 마리가 서로 다른 성별로 분화하죠. 성장한 뒤에는 몸이 커버린 탓에 밖으로 나갈 수 없어서 평생을 함께 보내게 됩니다.

재밌는 건 이런 해로새우의 모습에서 해로동혈이라는 이름이 붙은 거라고 합니다. 해로동혈은 같은 굴 안에서 함께 늙는다는, 생사를 함께하는 사랑의 맹세를 표현하는 말입니다.

해로새우

※해로새우의 생태는 아직 잘 알려지지 않았습니다.

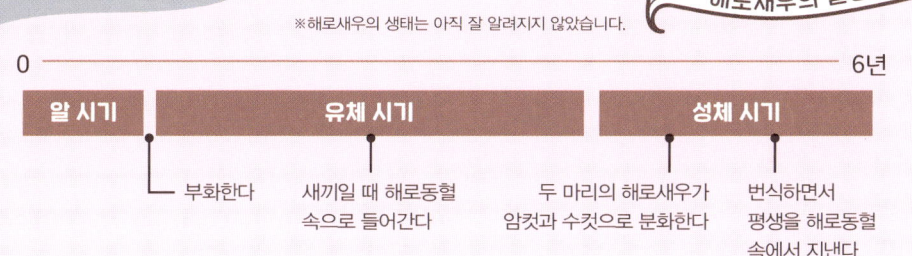

해로새우의 일생

0			6년
알 시기	유체 시기	성체 시기	
부화한다	새끼일 때 해로동혈 속으로 들어간다	두 마리의 해로새우가 암컷과 수컷으로 분화한다	번식하면서 평생을 해로동혈 속에서 지낸다

해로새우 영원의 사랑? 부부가 평생을 함께한다

안타까운 정도 💧💧💧💧💧

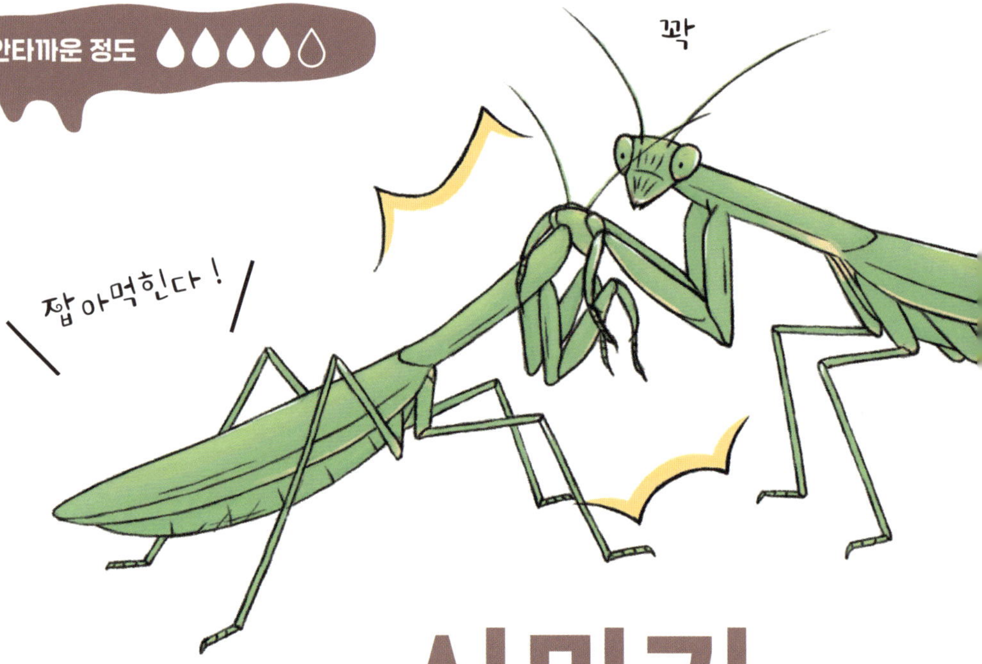

꽉

잡아먹힌다!

사마귀

아차! 짝짓기 중에도 잡아먹힌다

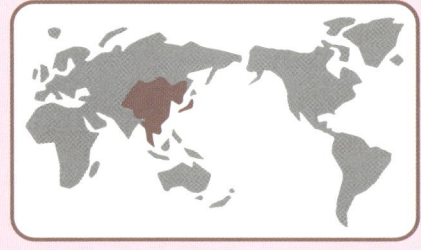

이름	사마귀
분류	곤충류 사마귀목 사마귀과
크기	약 7~9cm
수명	약 1년
서식지	한국, 중국, 일본, 인도차이나 반도

사마귀는 알인 채 겨울을 나고 봄이 되면 부화해 여름에 성장합니다. 짝짓기를 하는 건 여름 끝 무렵. 사마귀는 움직이는 것이라면 무엇이든 사냥감이라고 여기며 사냥합니다. 심지어는 짝짓기 중인 수컷이라 해도 잡아먹어 버릴 정도이죠.

그래서 수컷 사마귀는 암컷에게 들키지 않도록 뒤에서 접근해 등에 올라타서 짝짓기를 시도합니다. 이렇게 진행되는 짝짓기 중에도 암컷 사마귀는 몸을 비틀어 수컷을 잡으려고 합니다. 수컷은 잡혀서 머리를 물어뜯기더라도 짝짓기를 그만두지 않죠. 다음 세대를 남기기 위해서 수컷 사마귀는 목숨을 걸고 짝짓기를 하는 것입니다.

CHAPTER 3 운이 없어서 죽는다

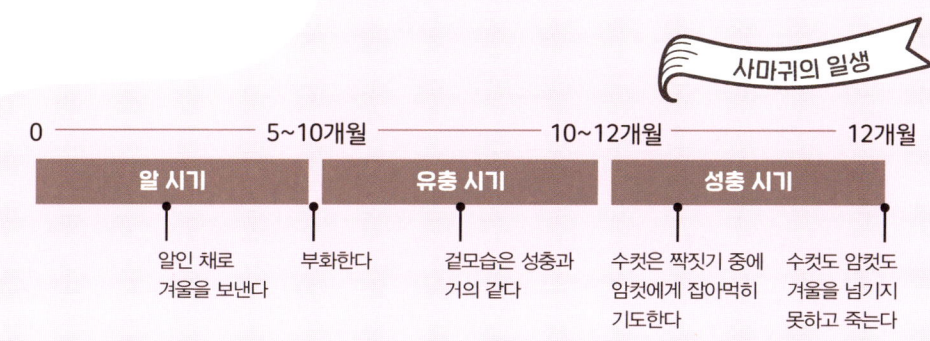

사마귀의 일생

0	5~10개월	10~12개월	12개월
알 시기	유충 시기	성충 시기	
알인 채로 겨울을 보낸다	부화한다 · 겉모습은 성충과 거의 같다	수컷은 짝짓기 중에 암컷에게 잡아먹히기도 한다	수컷도 암컷도 겨울을 넘기지 못하고 죽는다

안타까운 정도 ♦♦♦♦◇◇

근로 중 사건·사고는 일상? 대부분 수명을 다하지 못한다
개미

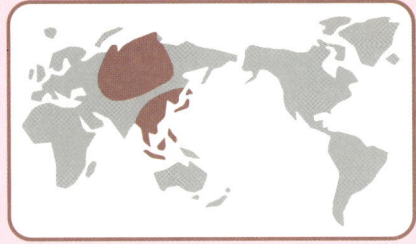

이름	일본왕개미
분류	곤충류 벌목 개미과
크기	약 1cm
수명	약 1년
서식지	한국, 일본, 타이완, 시베리아, 필리핀, 미얀마

CHAPTER 3 운이 없어서 죽는다

많은 곳에서 흔히 보이는 일본왕개미. 알을 낳는 한 마리의 여왕개미, 수개미, 일개미가 집단을 만들어 생활합니다. 물론 대부분이 일개미입니다.

일개미는 모두 암컷이며 유충을 키우거나 개미집 밖으로 먹을 것을 찾으러 나가는 등의 일을 합니다. 집 밖엔 다양한 위험이 도사리고 있는데, 그중 하나가 개미지옥이죠. 명주잠자리의 유충인 개미지옥은 지면에 사발 모양의 구멍을 파고, 구멍에 빠진 개미의 체액만 빨아먹고 버립니다.

집단을 지탱하는 일개미. 그 수명은 약 1년이지만, 자신의 수명이 다하기 전에 죽는 게 대부분입니다.

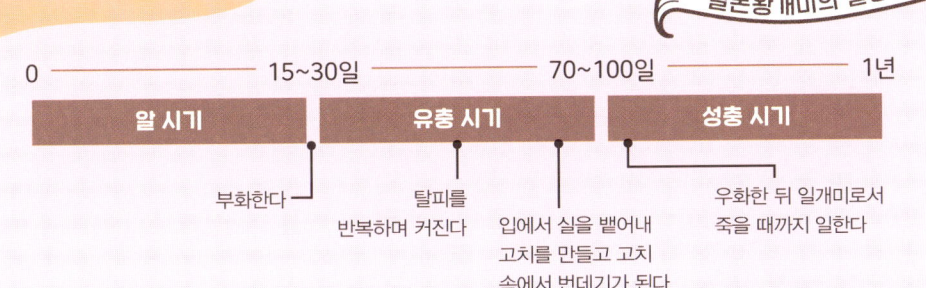

일본왕개미의 일생

0	15~30일	70~100일	1년
알 시기	유충 시기		성충 시기
부화한다	탈피를 반복하며 커진다	입에서 실을 뱉어내 고치를 만들고 고치 속에서 번데기가 된다	우화한 뒤 일개미로서 죽을 때까지 일한다

개미 근로 중 사건·사고는 일상? 대부분 수명을 다하지 못한다

안타까운 정도 💧💧💧💧💧

기, 기다려!

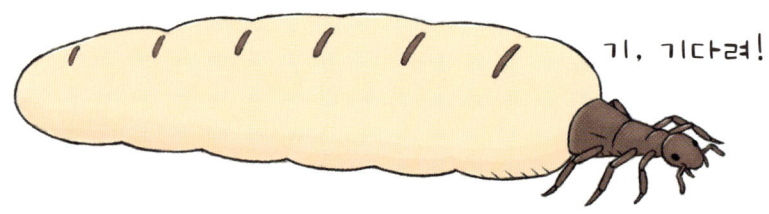

결국엔 부하에게 버려지는 여왕개미
흰개미

이름	흰개미
분류	곤충류 바퀴목 흰개미과
크기	약 3cm(여왕개미)
수명	약 20년(여왕개미)
서식지	남극 외 모든 대륙에서 발견됨

CHAPTER 3 운이 없어서 죽는다

'개미'라는 이름이 붙긴 했지만, 흰개미는 바퀴벌레에 가까운 곤충입니다.

왕 한 마리와 여왕 한 마리, 병정개미와 일개미가 집단을 만들어 생활합니다. 여왕개미의 일은 알을 낳는 것이며 그 외의 암컷 개미는 알을 낳을 수 없습니다. 일개미들은 그저 여왕개미를 위해서 먹이를 모으고 방을 청소하며 시중을 들죠. 하지만 여왕개미가 낳는 알의 수가 줄어들기 시작하면 여왕개미를 내버려 두고 다 같이 이사해버리기도 합니다. 남겨진 여왕개미는 혼자서는 무얼 할 수가 없어서 결국 죽고 말죠. 새롭게 만들어진 보금자리에서는 새로운 개미가 여왕개미가 되어 알을 낳습니다.

CHAPTER 3 운이 없어서 죽는다

새로운 여왕개미를 찾아볼까……?

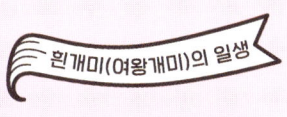

흰개미(여왕개미)의 일생

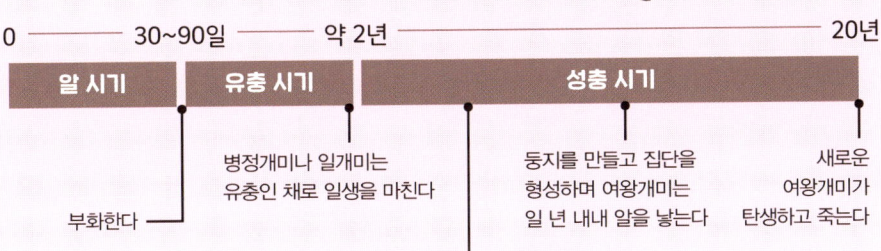

0	30~90일	약 2년		20년
알 시기	유충 시기	성충 시기		

- 부화한다
- 병정개미나 일개미는 유충인 채로 일생을 마친다
- 날개가 있는 '날개미'는 둥지를 나와 암수로 짝을 지어 여왕 및 왕이 될 수 있다
- 둥지를 만들고 집단을 형성하며 여왕개미는 일 년 내내 알을 낳는다
- 새로운 여왕개미가 탄생하고 죽는다

흰개미 결국엔 부하에게 버려지는 여왕개미

안타까운 정도 💧💧💧💧🤍

겨울잠에서 깨자마자 짓눌려 죽는다

꽉!

이름	일본두꺼비
분류	양서류 무미목 두꺼비과
크기	약 10cm
수명	약 10~15년
서식지	일본 혼슈 서남부, 시코쿠, 규슈

일본 두꺼비

> CHAPTER 3 운이 없어서 죽는다

일본두꺼비는 몸길이 10cm 정도의 대형 두꺼비로, 몸에는 사마귀같이 생긴 돌기가 나 있고 귀 주변의 샘에서 독이 있는 액을 분비합니다.

초봄이 되어 두꺼비가 겨울잠에서 깨어나면 번식기를 맞이합니다. 수컷이 암컷을 찾아 연못으로 향하지만, 온통 수컷뿐이죠. 운이 좋아 암컷을 발견하면 암컷의 겨드랑이 아래 부근이나 허리를 잡고 구애합니다. 이게 바로 수컷이 암컷을 자극해 알을 낳게 하는, 그리고 자신은 정자를 방출하는 '포접'이라는 행위입니다.

수컷들은 짝짓기 경쟁인 '두꺼비 전투'를 하게 되는데, 암컷에게 끝까지 달라붙는 싸움입니다. 수컷이 너무 힘을 주는 바람에 암컷은 목이 졸려 죽기도 하죠. 번식기가 끝난 연못에서는 질식해 사망한 두꺼비를 여러 마리 발견할 수 있다고 합니다.

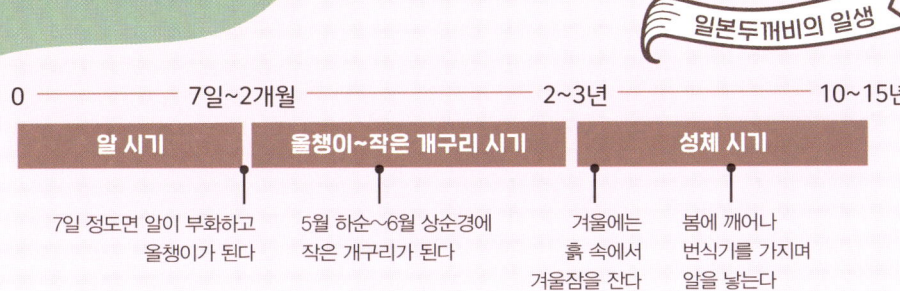

일본두꺼비의 일생

0	7일~2개월	2~3년	10~15년
알 시기	**올챙이~작은 개구리 시기**		**성체 시기**
7일 정도면 알이 부화하고 올챙이가 된다	5월 하순~6월 상순경에 작은 개구리가 된다	겨울에는 흙 속에서 겨울잠을 잔다	봄에 깨어나 번식기를 가지며 알을 낳는다

일본두꺼비 겨울잠에서 깨자마자 짓눌려 죽는다

안타까운 정도

굴을 차지하려 싸우다 치명상을 입는다

목을 잘 물립니다……

이름	일본왕도롱뇽
분류	양서류 도롱뇽목 장수도롱뇽과
크기	약 50~70cm
수명	60~70년
서식지	일본 중부지방~규슈의 시냇물

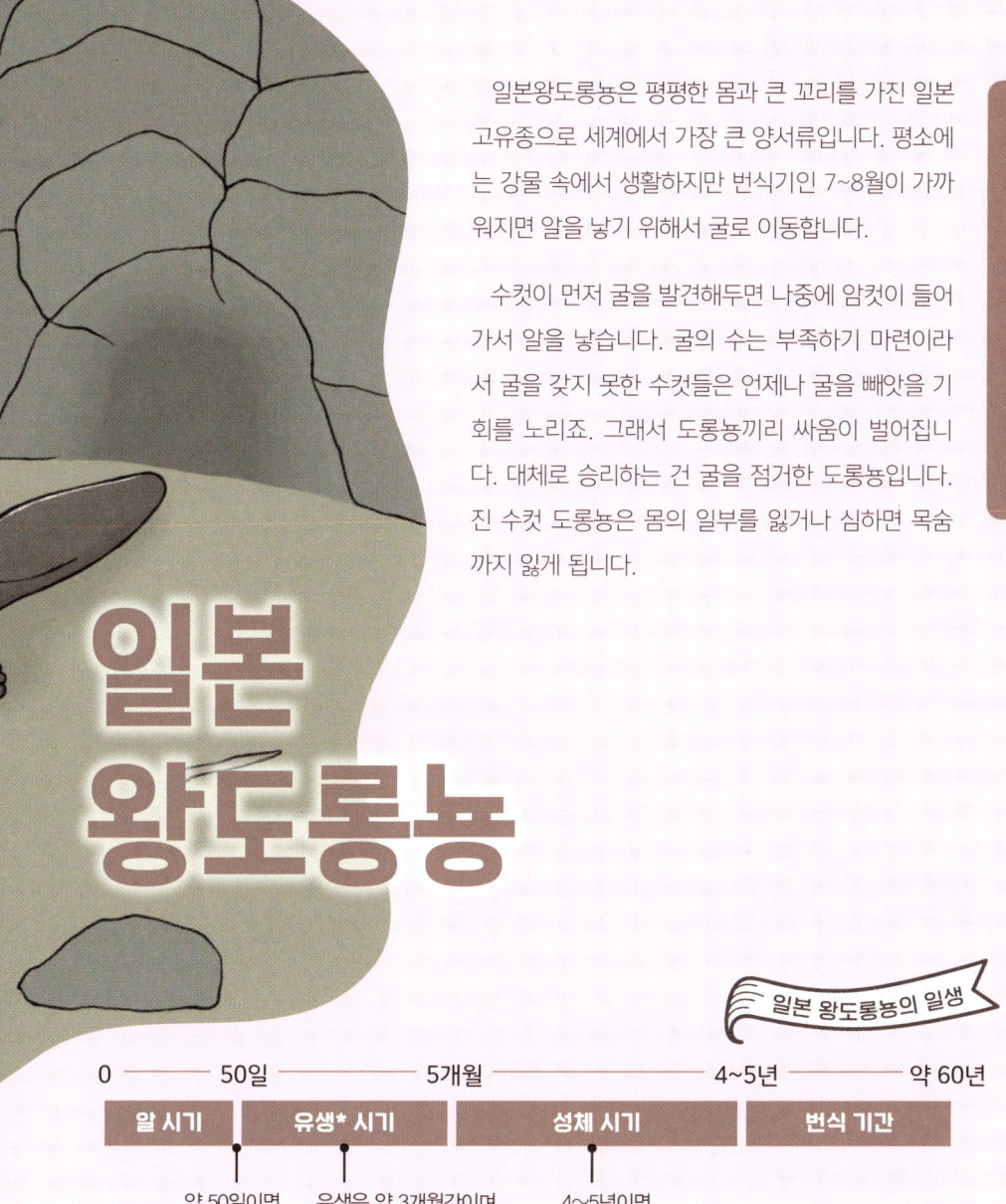

CHAPTER 3 운이 없어서 죽는다

일본왕도롱뇽은 평평한 몸과 큰 꼬리를 가진 일본 고유종으로 세계에서 가장 큰 양서류입니다. 평소에는 강물 속에서 생활하지만 번식기인 7~8월이 가까워지면 알을 낳기 위해서 굴로 이동합니다.

수컷이 먼저 굴을 발견해두면 나중에 암컷이 들어가서 알을 낳습니다. 굴의 수는 부족하기 마련이라서 굴을 갖지 못한 수컷들은 언제나 굴을 빼앗을 기회를 노리죠. 그래서 도롱뇽끼리 싸움이 벌어집니다. 대체로 승리하는 건 굴을 점거한 도롱뇽입니다. 진 수컷 도롱뇽은 몸의 일부를 잃거나 심하면 목숨까지 잃게 됩니다.

일본 왕도롱뇽

일본 왕도롱뇽의 일생

0	50일	5개월	4~5년	약 60년
	알 시기	유생* 시기	성체 시기	번식 기간
	약 50일이면 부화한다	유생은 약 3개월간이며, 굴에서 지내며 헤엄칠 힘을 기른다	4~5년이면 30cm 정도로 성장한다	

유생 : 알에서 부화한 뒤 변태 과정을 거치는, 성체가 되기 전의 어린 새끼를 말한다. 곤충, 양서류, 바다에 사는 무척추동물 등이 대표적으로 이러한 시기를 거친다.

일본왕도롱뇽 굴을 차지하려 싸우다 치명상을 입는다

안타까운 정도 💧💧💧💧💧

날 좀 놔 줘!
교미 중에 질식사한다
물방개

으……
숨을 못 쉬겠어…!

이름	물방개
분류	곤충류 딱정벌레목 물방개과
크기	약 3~4cm
수명	약 2~3년
서식지	한국, 일본, 중국

092　CHAPTER 3　운이 없어서 죽는다

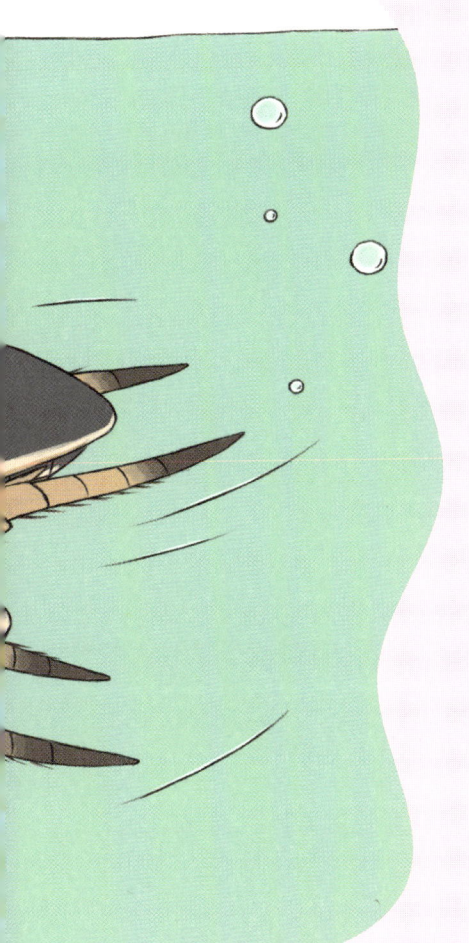

옛날에는 논이나 연못, 웅덩이 등의 물가에서 자주 볼 수 있었던 물방개. 최근에는 환경변화로 수가 급격히 줄어들어 멸종위기종이 되었습니다.

물방개는 물에서 생활하는 곤충으로, 두껍고 긴 뒷다리에 브러시 같은 털이 나 있어서 수면을 재빨리 헤칠 수 있습니다. 또 수컷의 앞다리에는 빨판이 붙어있는데, 짝짓기할 때 암컷의 등에 바짝 달라붙어 누르기 위한 것이라고 합니다. 짝짓기 중에 눌린 암컷은 수컷이 풀어줄 때까지 물속에서 나갈 수 없게 되죠.

물방개는 수면에서 엉덩이를 내밀어서 호흡하기 때문에 암컷은 짝짓기 중에 숨을 쉴 수 없고, 따라서 질식사하는 경우도 있다고 합니다.

CHAPTER 3 운이 없어서 죽는다

물방개의 일생

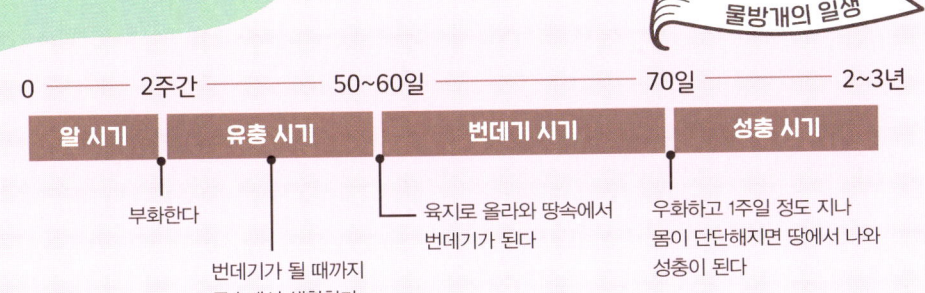

0	2주간	50~60일	70일	2~3년
	알 시기	유충 시기	번데기 시기	성충 시기
	부화한다	번데기가 될 때까지 물속에서 생활한다	육지로 올라와 땅속에서 번데기가 된다	우화하고 1주일 정도 지나 몸이 단단해지면 땅에서 나와 성충이 된다

물방개 날 좀 놔 줘! 교미 중에 질식사한다

무슨 소리야?
운석이라니?!
운이 나빠 멸종한 공룡

지금부터 아주 먼 옛날인 약 2억 3,000만 년~6,600만 년 전, 지구에는 참 많은 공룡이 살고 있었습니다. 거대 운석 때문에 멸종하고 말았지만요. 운석이 떨어졌을 때 대체 무슨 일이 일어난 걸까요? 그리고 공룡들은 어떤 최후를 맞이했을까요?

거대한 운석은 대략 6,600만 년 전, 현재 멕시코의 유카탄 반도 앞바다에 떨어졌다고 합니다. 지름이 약 10km인 크기의 운석이 떨어지자 지각에서 분출물이 흘러나오고 무시무시한 충격파에 의해 수천 도의 열파가 공룡과 생물들을 덮쳤습니다. 지상에서는 대규모의 삼림 화재가 발생해 생물들이 광범

위하게 죽고 말았죠.

 그리고 운석이 충돌해서 생긴 거대한 구멍(크레이터)으로 바닷물이 한꺼번에 흘러 들어가 물의 흐름이 역류하며 대형 쓰나미가 발생했습니다. 그 쓰나미의 크기가 최대 305m나 되었다고 하며 계속된 지진도 진도 10.1이라는 인류가 경험한 적 없는 흔들림이었을 거라고 합니다. 이런 충격들로 인해 발생한 충격파가 많은 양의 모래를 날려서 지구를 완전히 뒤덮었고, 햇빛이 차단되어서 기온이 내려가 오래간 겨울이 계속되었죠. 식물이 자라지 않으니 자연스레 초식공룡들도 먹이가 없어 멸종하고 말았습니다. 당연히 초식공룡

을 먹이로 삼는 육식공룡도 굶어 죽고 말았죠.

 이처럼 지구를 지배하던 공룡들은 운 나쁘게 거대 운석이 떨어져서 멸종했습니다. 끝까지 버티던 공룡은 공복과 추위를 견디면서 고독하게 살았겠죠. 그 마지막을 상상하면 가슴이 아픕니다.

Chapter 4

너무 예민
죽는다

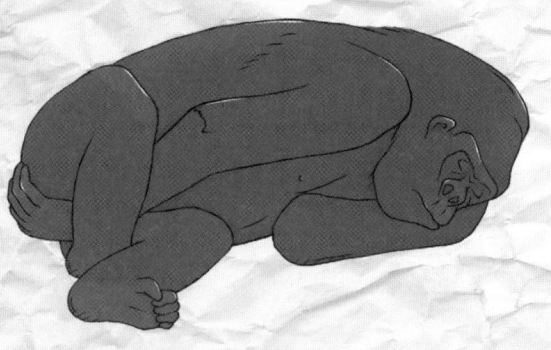

해서

인간에게는 별것 아닌 일이 다른 생물에게는 죽음에 이를 사건일 수 있습니다. 겉모습은 강해 보여도 사실은 예민하다거나 의외의 특성을 가진 생물들을 소개합니다.

안타까운 정도 💧💧💧💧💧

에너지 과다 절약? 계속 비가 오면 죽는다 나무늘보

이름	갈색목세발가락나무늘보
분류	포유류 유모목 세발가락나무늘보과
크기	약 50~60cm
수명	약 20년
서식지	중앙아메리카부터 남아메리카에 걸친 삼림

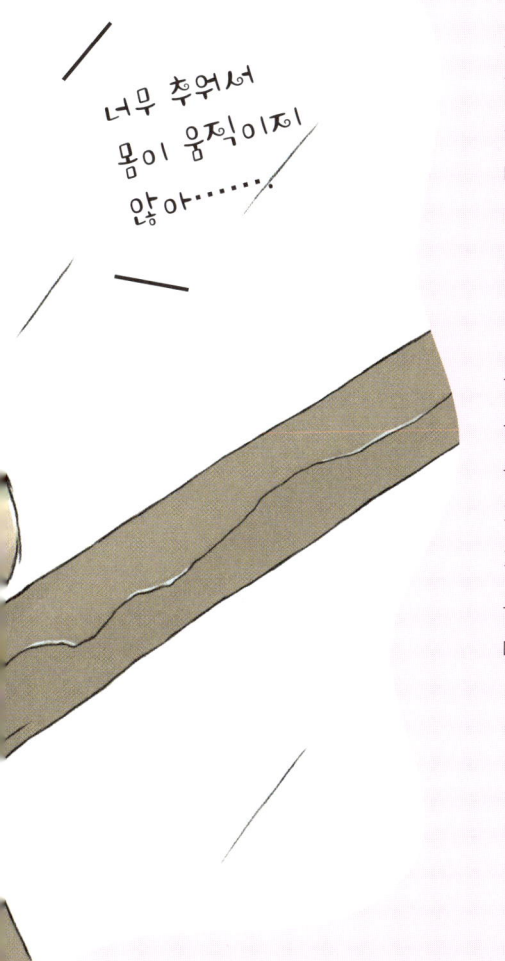

너무 추워서
몸이 움직이지
않아……

> CHAPTER 4 너무 섬세해서 죽는다

세발가락나무늘보는 삶의 대부분을 나무 위에서 보냅니다. 수면시간은 하루 8~10시간이고 식사는 하루에 나뭇잎 1~2장, 배변은 주 1회. 가능한 한 움직이지 않고 생활해서 체력을 보존하는 데 주력합니다. 내장의 기능도 에너지 절약을 하고 있어서 나뭇잎을 소화하는 데 몇 주가 걸릴 정도이죠. 소식을 하며 아주 조용한 동물입니다.

일반적으로 포유류는 체온이 일정하며 이를 항온성이라고 표현하는데, 체온을 유지하는 건 아주 많은 에너지를 소모하는 일입니다. 하지만 나무늘보류는 불완전한 항온성을 가졌죠. 그래서 긴 비가 내려 기온이 낮은 날이 계속되면 체온이 떨어져서 내장의 기능이 저하됩니다. 먹은 걸 소화하지 못해서, 배는 부른데도 아사해버리는 너무 슬픈 최후를 맞이하는 때도 있다고 합니다.

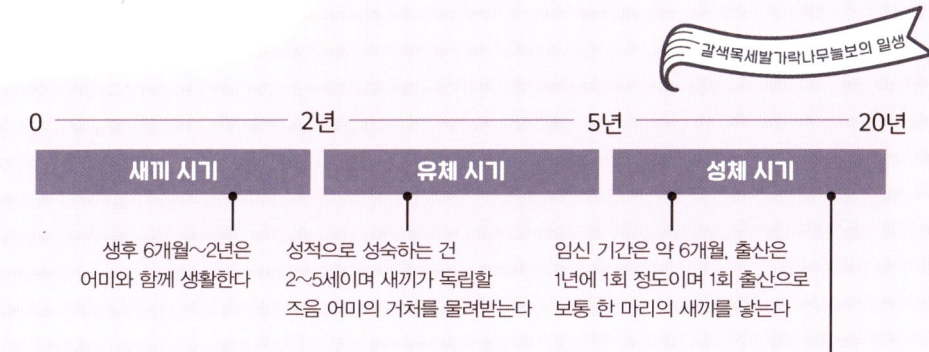

갈색목세발가락나무늘보의 일생

0	2년	5년	20년
새끼 시기	유체 시기	성체 시기	
생후 6개월~2년은 어미와 함께 생활한다	성적으로 성숙하는 건 2~5세이며 새끼가 독립할 즈음 어미의 거처를 물려받는다	임신 기간은 약 6개월, 출산은 1년에 1회 정도이며 1회 출산으로 보통 한 마리의 새끼를 낳는다	

야생에서의 수명은 2년 이하지만, 사육하면 30~40년을 살 수 있다

안타까운 정도 ◆◆◆◇◇

배가 아프단 말이야……

너무 예민해서 배탈만으로도 죽는다

이름	서부로랜드고릴라
분류	포유류 영장목 성성이과
크기	약 1.2~1.8m
수명	약 30년
서식지	중앙아프리카

CHAPTER 4 너무 예민해서 죽는다

겉모습을 봤을 땐 상상하기 어렵지만, 고릴라는 아주 섬세한 동물입니다. 포유류 중에서도 지능이 높으며 온화한 성격을 지녔죠. 위험한 상황이 아니라면 싸우기보다는 참거나 도망치는 쪽을 고르는 마음이 착한 동물입니다.

무리를 지어서 행동하기 때문에 영역 의식이 강하고 조심스러우며 쉽게 스트레스를 받는다는 특징도 있습니다. 스트레스가 쌓이면 설사를 하는 등 질병에 쉽게 걸리게 되고, 그런 피로감 때문에 정신적으로 피폐해져 죽기도 합니다.

죽은 고릴라를 장시간 바라보거나 털 고르기를 하는 고릴라가 관찰된다는 보고들이 있는데, 고릴라가 가진 섬세함이 친구의 죽음을 슬퍼하고 애도하는 건 아닐까요?

CHAPTER 4 너무 섬세해서 죽는다

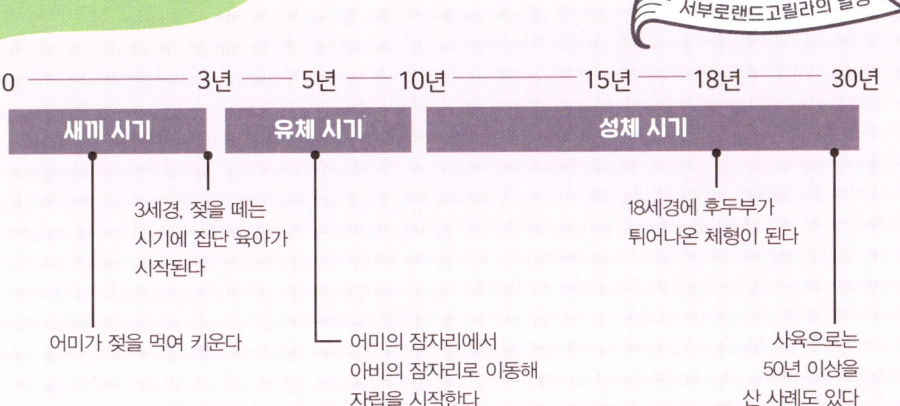

서부로랜드고릴라의 일생

| 0 | 3년 | 5년 | 10년 | 15년 | 18년 | 30년 |

새끼 시기 / **유체 시기** / **성체 시기**

- 3세경, 젖을 떼는 시기에 집단 육아가 시작된다
- 18세경에 후두부가 튀어나온 체형이 된다
- 어미가 젖을 먹여 키운다
- 어미의 잠자리에서 아비의 잠자리로 이동해 자립을 시작한다
- 사육으로는 50년 이상을 산 사례도 있다

안타까운 정도 💧💧💧🤍🤍

머리가 너무 민감해!
부딪히면 즉사한다 땅돼지

아차, 도망치다 부딪히겠어……!

이름	땅돼지
분류	포유류 관치목 땅돼지과
크기	약 1.3m
수명	약 15년
서식지	아프리카

CHAPTER 4 너무 예민해서 죽는다

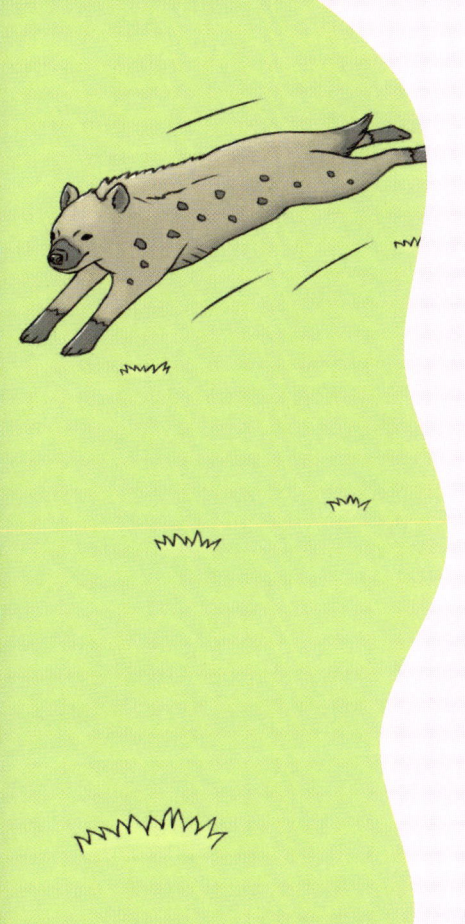

땅돼지는 딱딱한 발톱으로 땅을 파서 둥지를 만듭니다. 사자나 하이에나, 표범 등 바깥의 적에게서 도망칠 때 구멍을 파서 숨기도 하죠. 이처럼 단단한 발톱은 주식인 흰개미의 개미총을 부술 때도 도움이 됩니다. 발톱뿐 아니라 몸 자체도 단단하고 튼튼한 것이 특징입니다. 사자의 발톱에 긁히거나 흰개미에게 물려도 괜찮을 정도입니다.

이토록 몸이 단단하고 튼튼하지만, 머리뼈는 매우 약해서 단단한 나무나 바위에 부딪히면 즉사하고 맙니다. 머리가 약점이 된 이유는 알려지지 않았습니다. 긴 혀로 흰개미를 휘감아 잡아서 삼키기 때문에 이빨이 필요 없어서 턱의 힘이 약해진 탓이라는 설이 있지만, 남아메리카에 사는 개미핥기의 뼈는 튼튼하므로 근거로 단정 짓기는 어렵겠습니다.

CHAPTER 4 너무 섬세해서 죽는다

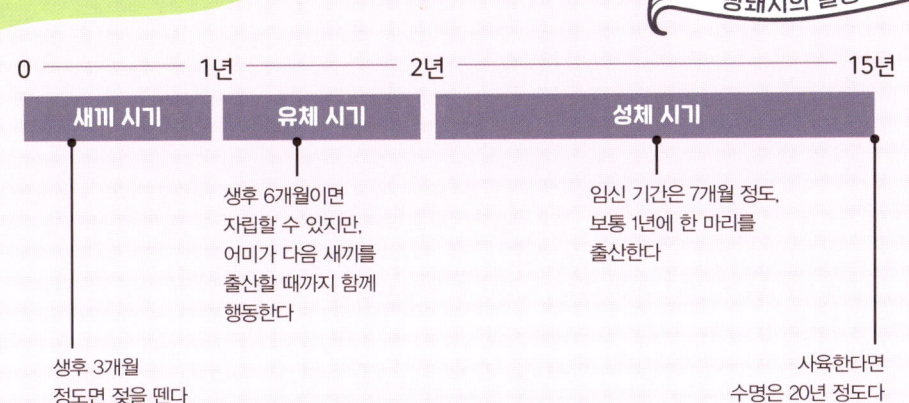

땅돼지의 일생

| 0 | 1년 | 2년 | 15년 |

새끼 시기 — 생후 3개월 정도면 젖을 뗀다

유체 시기 — 생후 6개월이면 자립할 수 있지만, 어미가 다음 새끼를 출산할 때까지 함께 행동한다

성체 시기 — 임신 기간은 7개월 정도, 보통 1년에 한 마리를 출산한다. 사육한다면 수명은 20년 정도다

땅돼지 머리가 너무 민감해! 부딪히면 즉사한다   103

안타까운 정도 ♦♦♦♦♦

어라?

자칫하면 자기 소화액에 녹아버린다
플라나리아

이름	플라나리아
분류	무척추동물 삼기장목 플라나리아과
크기	약 2~2.5cm
수명	부화 후 약 30일
서식지	계류, 평지하천, 강 등의 여울

> CHAPTER 4 너무 섬세해서 죽는다

초등학교 과학 실험에서 보게 되는 플라나리아. 알을 낳아서 번식하지만 분열과 재생으로도 수가 늘어나는 생물입니다. 재생 능력이 특히나 뛰어나서 반으로 나누면 2개의 개체가 됩니다. 100회 이상 잘려도 재생했다는 기록이 있습니다. 생명에 위협을 받을 때 스스로 분열해 살아남을 수도 있으니 가히 불사신이라고 불러도 손색이 없을 정도입니다.

그러나 수온이나 수질 등 환경이 적합하지 않으면 분열하기 전에 죽고, 심각하게 약해져 있는 상태에서는 재생하지 못해서 죽음에 이르게 됩니다. 게다가 분열 전에는 공복 상태여야만 합니다. 절단면에서 소화액이 새어 나오면, 그 소화액이 자기 자신을 녹여버리기 때문입니다. 그만한 재생 능력이 있지만, 자기 소화액에 녹아서 죽는다니 얼마나 안타까운 생물인가요.

소화액 때문에 분열할 수가 없어…?!

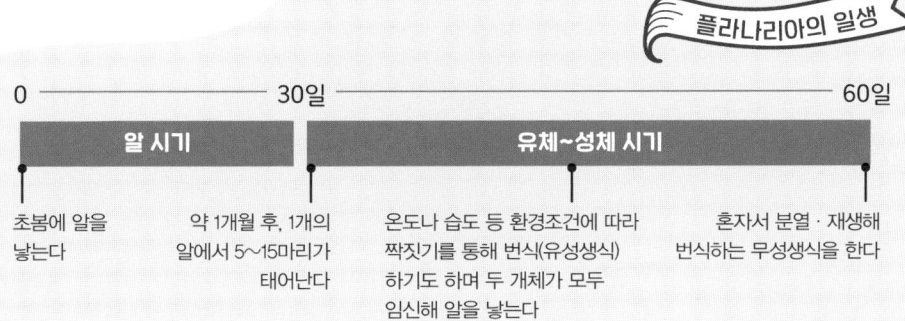

플라나리아의 일생

0	30일		60일
알 시기		유체~성체 시기	
초봄에 알을 낳는다	약 1개월 후, 1개의 알에서 5~15마리가 태어난다	온도나 습도 등 환경조건에 따라 짝짓기를 통해 번식(유성생식)하기도 하며 두 개체가 모두 임신해 알을 낳는다	혼자서 분열·재생해 번식하는 무성생식을 한다

플라나리아 머리가 너무 민감해! 부딪히면 즉사한다

안타까운 정도 💧💧💧💧💧

사는 게 고통이야……

극심한 스트레스!
너무 예민해서 자살한다
안경원숭이

이름	필리핀안경원숭이
분류	포유류 영장목 안경원숭이과
크기	약 12~15cm
수명	약 10~20년
서식지	필리핀, 인도네시아, 브루나이, 말레이시아의 열대우림

CHAPTER 4 너무 섬세해서 죽는다

안경원숭이는 원시적인 원숭이인 여우원숭이(원원류)와 동류입니다. 몸 크기에 비해 발달한 눈이 뇌나 위보다도 큽니다. 성격은 몹시 겁이 많고 예민합니다. 특히 야행성이라서 눈이 약점인데 카메라의 플래시처럼 강한 빛을 받으면 실명하기도 하고, 소스라치게 놀라며 극도의 스트레스로 인해 사망하기도 합니다.

이런 안경원숭이를 위해서 필리핀 보홀섬의 자연보호지구에서는 많은 노력과 배려를 하고 있다고 합니다. 카메라 플래시 촬영이라거나 큰소리 내기, 직접 접촉, 올라타 있는 나무 흔들기 등 스트레스를 줄 수 있는 행위가 모두 금지라고 합니다. 이런 정도의 규칙이 없으면 안경원숭이가 스스로 머리를 나무에 부딪히거나 숨을 멈춰서 자살해버린다고 합니다.

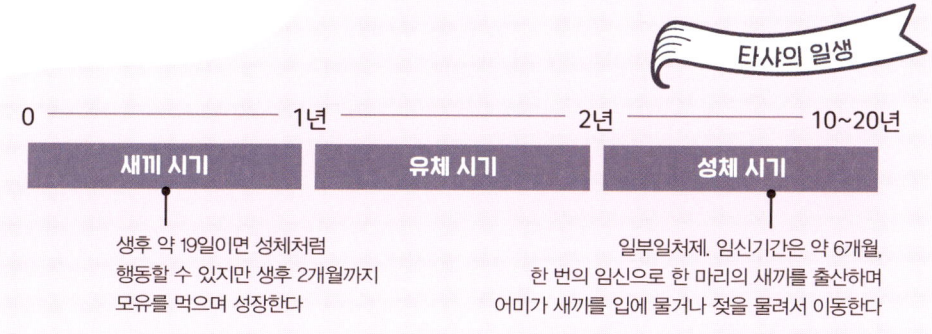

타샤의 일생

0	1년	2년	10~20년
새끼 시기	유체 시기	성체 시기	
생후 약 19일이면 성체처럼 행동할 수 있지만 생후 2개월까지 모유를 먹으며 성장한다		일부일처제. 임신기간은 약 6개월, 한 번의 임신으로 한 마리의 새끼를 출산하며 어미가 새끼를 입에 물거나 젖을 물려서 이동한다	

안타까운 정도 💧💧💧💧💧

현미경 불빛으로도 죽을 수 있어……!!

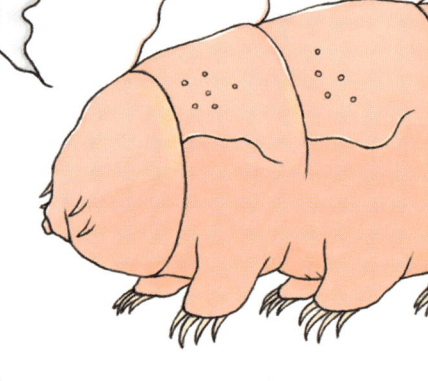

온갖 환경에서 무적이지만 밟히기만 해도 즉사한다
곰벌레

이름	곰벌레
분류	무척추동물 이조목 물곰과
크기	약 0.5~0.7cm
수명	부화 후 약 30~120일
서식지	전 세계의 습지·해변

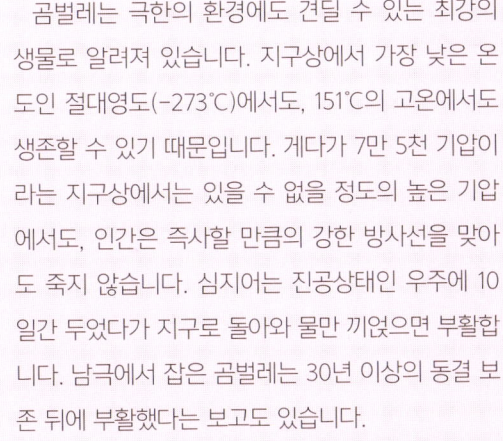

곰벌레는 극한의 환경에도 견딜 수 있는 최강의 생물로 알려져 있습니다. 지구상에서 가장 낮은 온도인 절대영도(-273℃)에서도, 151℃의 고온에서도 생존할 수 있기 때문입니다. 게다가 7만 5천 기압이라는 지구상에서는 있을 수 없을 정도의 높은 기압에서도, 인간은 즉사할 만큼의 강한 방사선을 맞아도 죽지 않습니다. 심지어는 진공상태인 우주에 10일간 두었다가 지구로 돌아와 물만 끼얹으면 부활합니다. 남극에서 잡은 곰벌레는 30년 이상의 동결 보존 뒤에 부활했다는 보고도 있습니다.

하지만 무적은 '건면(乾眠)'이라는 건조된 휴면 상태일 때로 한정됩니다. 게다가 서서히 건조되는 게 아니라 급격하게 몸의 수분을 빼앗기면 쉽게 죽고 말죠. 몸 자체가 튼튼한 것도 아니어서 밟히기라도 하면 즉사하고 맙니다.

CHAPTER 4 너무 섬세해서 죽는다

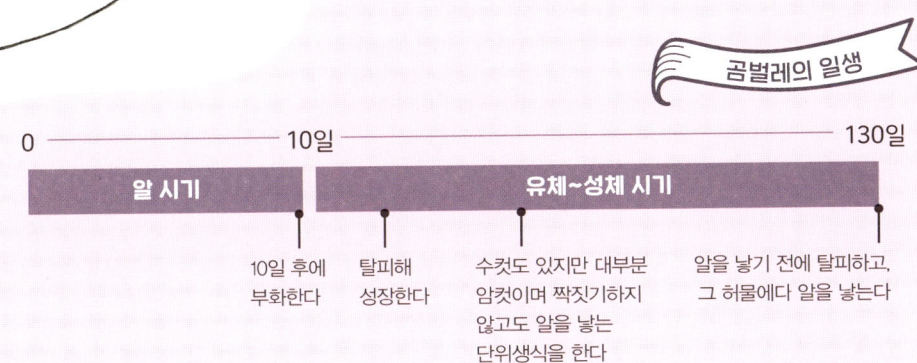

곰벌레의 일생

0	10일			130일
알 시기		유체~성체 시기		
10일 후에 부화한다	탈피해 성장한다	수컷도 있지만 대부분 암컷이며 짝짓기하지 않고도 알을 낳는 단위생식을 한다		알을 낳기 전에 탈피하고, 그 허물에다 알을 낳는다

안타까운 정도 💧💧💧💧💧

모, 못 움직이겠어……

날갯짓이 너무 약해서 잘못 착지하면 죽는다
물푸레면충

이름	물푸레면충
분류	곤충류 노린재목 진딧물과
크기	약 3~5mm
수명	수컷은 약 1주일, 암컷은 약 1개월
서식지	한국, 일본, 시베리아, 사할린

CHAPTER 4 너무 예민해서 죽는다

CHAPTER 4 너무 섬세해서 죽는다

하늘을 나는 힘이 약해서 눈처럼 바람에 떠다니는 모습이 '눈 벌레' 같은 물푸레면충. 얼마나 약한지 사람이 건드리기만 해도 죽고, 날갯짓도 약해서 유리창에 착지하면 움직이지 못해서 죽는다고 합니다.

초봄이 되면 물푸레나무에 낳은 알에서 태어납니다. 보통 암컷만 태어나서 수액을 빨아 성장하며 수컷 없이 계속 알을 낳고, 개체가 많아지는 여름이 오면 날개가 달린 진딧물이 태어나서 새로운 나무인 전나무로 이동해 새로운 무리를 만듭니다. 늦가을이 되면 날개가 달린 암컷이 다시 물푸레나무로 이동해 늦가을에 태어난 수컷과 짝짓기해 알을 낳고 죽음을 맞이하죠. 알은 그렇게 겨울을 넘겨 초봄에 다시 부화합니다. 암컷의 수명이 1개월 정도밖에 되지 않아서 이런 방식으로 여러 세대를 거치며 번식합니다.

수컷이 등장하는 건 늦가을뿐입니다. 입도 없이 태어나 먹이를 먹을 수 없어서 수명이 단 일주일밖에 되지 않죠. 짝짓기한 뒤에 죽습니다.

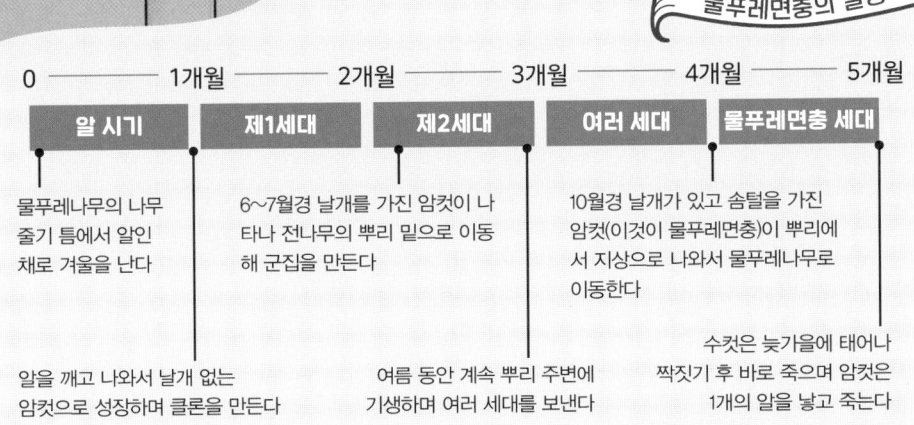

물푸레면충의 일생

0	1개월	2개월	3개월	4개월	5개월
알 시기	제1세대	제2세대		여러 세대	물푸레면충 세대
물푸레나무의 나무 줄기 틈에서 알인 채로 겨울을 난다	6~7월경 날개를 가진 암컷이 나타나 전나무의 뿌리 밑으로 이동해 군집을 만든다		여름 동안 계속 뿌리 주변에 기생하며 여러 세대를 보낸다	10월경 날개가 있고 솜털을 가진 암컷(이것이 물푸레면충)이 뿌리에서 지상으로 나와서 물푸레나무로 이동한다	수컷은 늦가을에 태어나 짝짓기 후 바로 죽으며 암컷은 1개의 알을 낳고 죽는다
알을 깨고 나와서 날개 없는 암컷으로 성장하며 클론을 만든다					

물푸레면충 날갯짓이 너무 약해서 잘못 착지하면 죽는다

전쟁 때문에 죽은 불쌍한 맹수들

여러 동물을 보고 또 만질 수도 있는 휴식 장소, 동물원. 지금으로부터 약 80년 전에 비극적인 일이 있었습니다. 전쟁 때문에 동물들이 대량으로 죽임을 당한 겁니다.

1939년 유럽에서 제2차 세계대전이 발발했고, 일본도 전쟁이 격렬해지자 '만약 동물원에 폭탄이 떨어지면 맹수들이 뛰쳐나와 인간을 습격할지도 모른다'라며 불안해하는 사람들이 늘어났습니다. 동물원 측은 '폭격당하면 도망치기 전에 죽을 것이다'라며 시민의 불안을 완화하려고 노력했지만, 결국 일본 정부는 1943년에 '맹수 처분'을 명령했습니다.

이 명령에 의해 곰, 표범, 코끼리, 사자, 악어, 뱀 등의 '위험 동물'들이 연달아 죽임을 당했습니다. 처분 방법은 주로 독살이나 교살이었죠. 독이 든 음식을 먹지 않는 동물은 밧줄로 목을 조르거나 음식을 주지 않았습니다.

코끼리인 완리와 통키의 에피소드가 유명합니다. 금식을 당한 두 마리의 코끼리가 사육사를 마주칠 때마다 쇠약한 몸으로 사력을 다해 재주를 부렸다는 일화입니다. 재주를 부리면 먹이를 받을 수 있다고 생각한 것이겠죠.

1943년 8월 11일, 우에노 동물원을 시작으로 규모가 큰 동물원에서도 살처분이 시작됐습니다. 죽임을 당한 동물의 수는 170마리 이상이라고 하죠.

동물을 사랑했던 직원들은 어떤 마음으로 동물들의 마지막을 지켜보았을까요? 동물들은 또 무슨 생각을 했을까요? 상상하는 것만으로 마음이 아픕니다. 지금까지도 당연히 존재하는 동물원. 이것 역시 평화로운 세상이기에 가능한 겁니다. 전쟁은 인간뿐만 아니라 동물도 희생시킵니다.

Chapter 5

서툴러서 죽는다

발은 빠른데 전투 능력이 낮다든지, 죽은 척하다가 잡아먹힌다든지, 너무 편식해서 굶어 죽는다든지… 다양한 사정으로 힘든 나날을 보내는 생물들을 살펴봅시다. 서툴러도 살아가는 모습에 가슴이 찡합니다.

안타까운 정도 ♦♦♦♢♢

안정된 생활은 없다! 고통이 가득한 배고픈 삶
치타

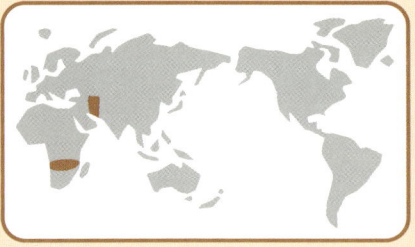

이름	치타
분류	포유류 식육목 고양이과
크기	약 1.5m
수명	약 7년
서식지	아프리카, 서아시아

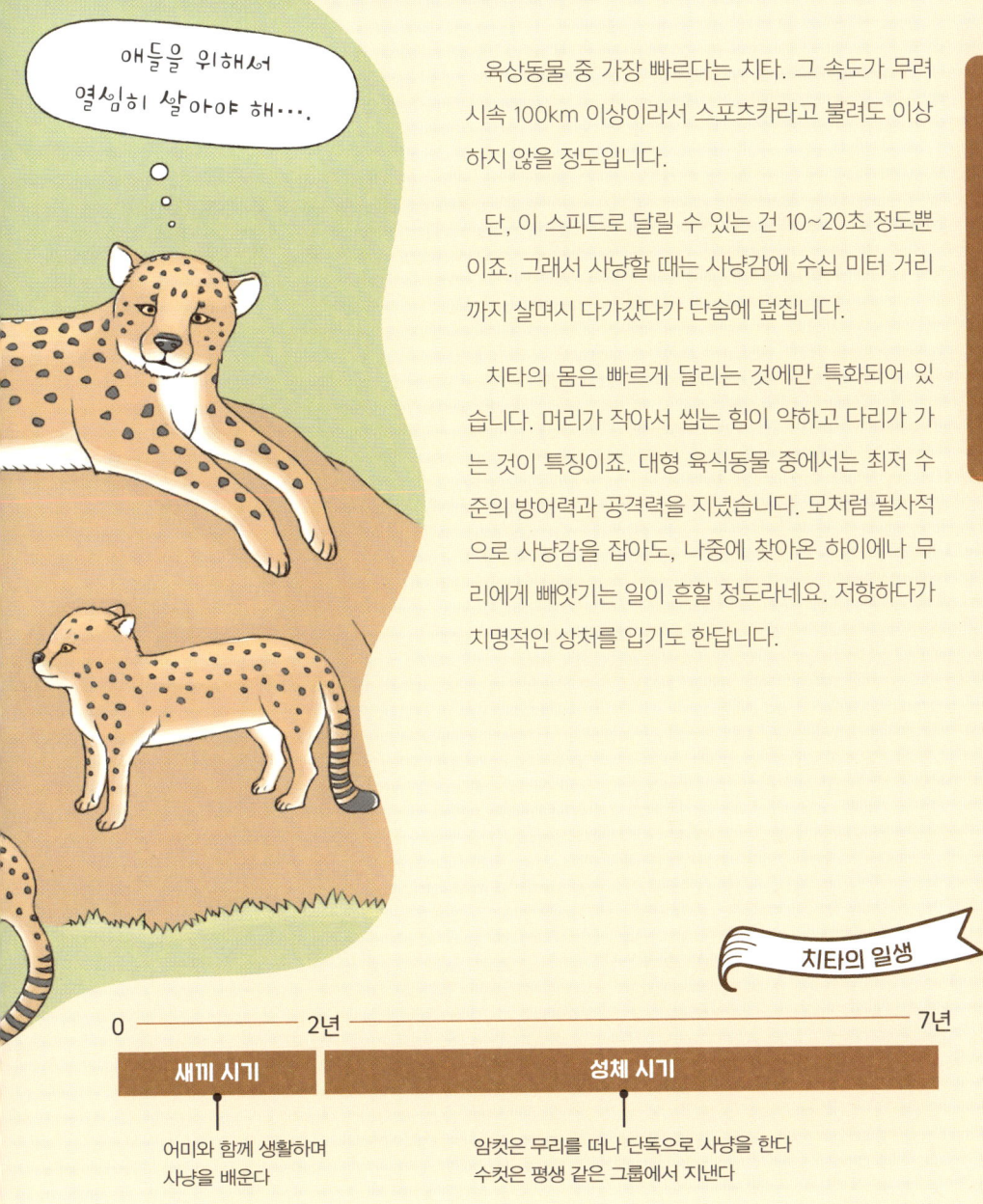

육상동물 중 가장 빠르다는 치타. 그 속도가 무려 시속 100km 이상이라서 스포츠카라고 불러도 이상하지 않을 정도입니다.

단, 이 스피드로 달릴 수 있는 건 10~20초 정도뿐이죠. 그래서 사냥할 때는 사냥감에 수십 미터 거리까지 살며시 다가갔다가 단숨에 덮칩니다.

치타의 몸은 빠르게 달리는 것에만 특화되어 있습니다. 머리가 작아서 씹는 힘이 약하고 다리가 가는 것이 특징이죠. 대형 육식동물 중에서는 최저 수준의 방어력과 공격력을 지녔습니다. 모처럼 필사적으로 사냥감을 잡아도, 나중에 찾아온 하이에나 무리에게 빼앗기는 일이 흔할 정도라네요. 저항하다가 치명적인 상처를 입기도 한답니다.

CHAPTER 5 서툴러서 죽는다

치타의 일생

0	2년		7년
새끼 시기		성체 시기	
어미와 함께 생활하며 사냥을 배운다		암컷은 무리를 떠나 단독으로 사냥을 한다 수컷은 평생 같은 그룹에서 지낸다	

치타 안정된 생활은 없다! 고통이 가득한 배고픈 삶

안타까운 정도 💧💧💧💧💧

꼴까닥! 죽은 척하다가 잡아먹힌다 주머니쥐

부디 잡아먹히지 않기를……

이름	주머니쥐
분류	포유류 주머니쥐목 주머니쥐과
크기	약 30~50cm
수명	약 4년
서식지	남북 아메리카

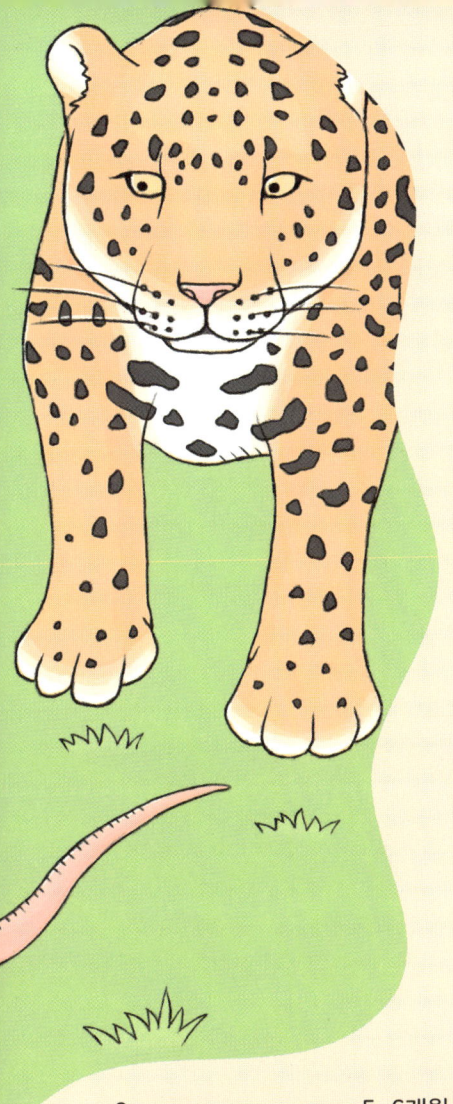

긴 꼬리를 가진 쥐를 닮은 주머니쥐. 캥거루와 마찬가지로 유대류*에 속해 있습니다. 새끼를 등에 태우고 이동하는 모습으로 잘 알려져 있지만, 특기는 '죽은 척'입니다. 적을 만나면 입을 벌려 혀를 내밀고 배설물과 함께 썩은 냄새가 나는 액체를 흘리며 쓰러집니다. 이때는 살짝 건드리거나 꼬리를 물리는 정도로는 움직이지 않습니다.

천적인 코요테나 보브캣이 죽은 동물을 잘 먹지 않는 탓에 흥미를 잃고 떠나가기 때문입니다. 그러면 얼른 도망치죠. 하지만 몹시 배가 고픈 코요테나 보브캣을 만나면 죽은 척을 하다가 잡아먹히는 경우도 있습니다. 죽은 척은 주머니쥐의 최후의 수단이지만, 그런 필사의 연기가 통하지 않는 상대도 있는 것이죠.

CHAPTER 5 서툴러서 죽는다

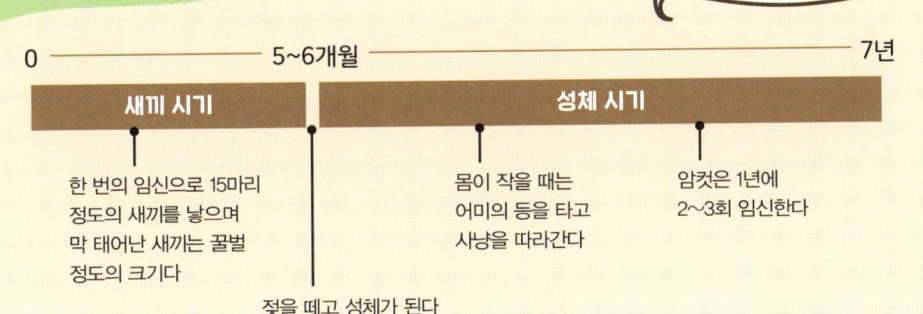

주머니쥐의 일생

| 0 | 5~6개월 | | 7년 |

| 새끼 시기 | 성체 시기 |

한 번의 임신으로 15마리 정도의 새끼를 낳으며 막 태어난 새끼는 꿀벌 정도의 크기다

젖을 떼고 성체가 된다

몸이 작을 때는 어미의 등을 타고 사냥을 따라간다

암컷은 1년에 2~3회 임신한다

유대류 : 캥거루처럼 어미가 새끼를 육아낭에서 기르는 동물류

주머니쥐 꼴까닥! 죽은 척하다가 잡아먹힌다

안타까운 정도 💧💧💧🤍🤍

내 먹이는 오로지 알! 결국은 굶어 죽는다

도망치자 도망쳐……!

에그이터스네이크

이름	에그이터스네이크
분류	파충류 뱀목 뱀과
크기	약 80cm~1m
수명	약 10년
서식지	아프리카 사바나 또는 삼림

아프리카 사바나에 서식하는 에그이터스네이크는 새의 알만을 먹이로 삼는 색다른 뱀입니다. 이빨이 하나도 없는 게 특징인데, 계속 알만 먹어왔기 때문에 불필요한 이빨이 퇴화한 것이죠.

뱀의 머리는 작은데, 알을 어떻게 먹는 걸까요? 자기 머리의 몇 배나 되는 알이지만, 입을 아주 크게 벌려서 통째로 삼킵니다. 그러고서는 식도에 있는 돌기로 금을 내고, 몸을 비틀어가며 알을 깨트립니다. 흘러나오는 내용물만을 삼키고 껍질은 다시 입으로 토해내죠.

이렇게 알만 먹이로 삼지만, 사실 새가 알을 낳는 건 1년 중 몇 개월밖에 되지 않죠. 그래서 먹이를 찾다 굶어서 죽는 경우도 있다고 합니다.

CHAPTER 5 서둘러서 죽는다

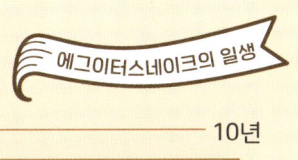

에그이터스네이크의 일생

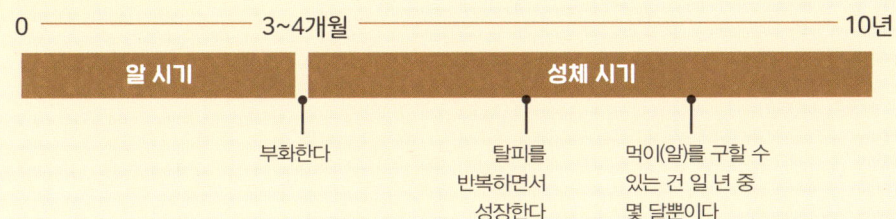

0	3~4개월		10년
알 시기	성체 시기		
	부화한다	탈피를 반복하면서 성장한다	먹이(알)를 구할 수 있는 건 일 년 중 몇 달뿐이다

에그이터스네이크 내 먹이는 오로지 알! 결국은 굶어 죽는다

안타까운 정도 💧💧💧💧💧

못 움직이겠어……!

거미게
다리가 너무 길어…
탈피에 실패하면 죽는다!

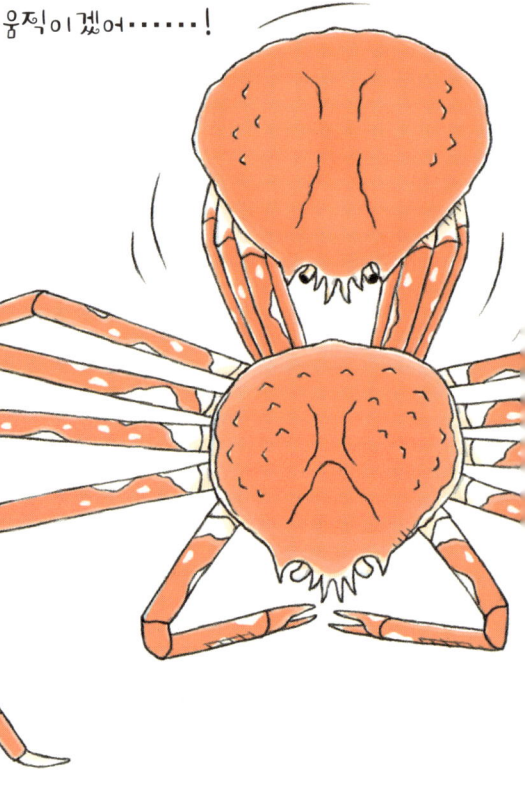

이름	일본거미게
분류	갑각류 십각목 거미다리게과
크기	약 4m
수명	약 100년
서식지	일본, 타이완

탈피할 때
주의해야겠어!

일본 근해의 수심 200~400m에 사는 세계 최대의 절지동물입니다. 큰 개체는 좌우 양다리를 펼치면 폭이 4m 이상이나 되며 빛이 거의 닿지 않는 바다의 바닥에서, 떨어지는 죽은 물고기 등을 먹으며 살아갑니다. 새끼일 때는 단단한 털이나 가시로 덮여 있지만 성장하면서 점점 사라집니다. 물론 성장한 후에는 물고기에게 잡아먹힐 일은 없어서 수명이 100년이나 됩니다.

갑각류는 성장하기 위해서 탈피를 반복하는데, 거미게도 마찬가지입니다. 다른 점이라면 일본거미게의 탈피는 목숨을 건 사투나 마찬가지라는 것이죠. 탈피하는 데 6시간 이상이 걸리며, 탈피 도중에 다리가 끼거나 힘을 다해서 죽기도 합니다.

CHAPTER 5 서둘러서 죽는다

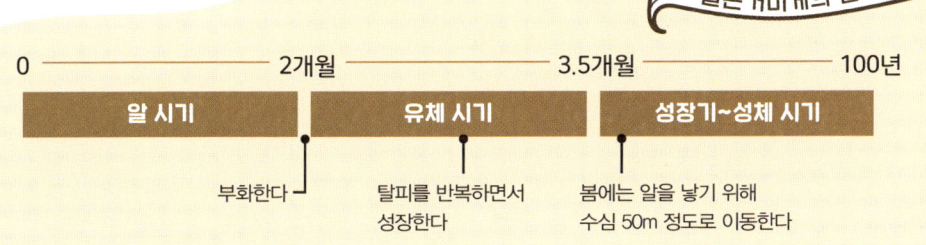

일본거미게의 일생

0	2개월	3.5개월	100년
알 시기	유체 시기	성장기~성체 시기	
부화한다	탈피를 반복하면서 성장한다	봄에는 알을 낳기 위해 수심 50m 정도로 이동한다	

거미게 다리가 너무 길어… 탈피에 실패하면 죽는다! 123

안타까운 정도 💧💧💧💧💧

더는 못 간다!
최후의 수단은 자폭!
말레이시아개미

이름	말레이시아개미
분류	곤충류 벌목 개미과
크기	약 5mm(일개미)
수명	알려지지 않음
서식지	말레이시아, 브루나이, 태국의 삼림

말레이시아개미(자폭개미)는 말레이시아와 브루나이, 태국에 서식하는 개미입니다. 일개미는 머리부터 배까지 자극적인 냄새가 나는 독액이 든 주머니가 들어있습니다. 적이 둥지에 침입하면 배를 수축해서 독주머니를 폭발시켜 독액을 퍼붓습니다. 적은 끈적끈적한 독액에 움직임을 봉쇄당하고 중독돼서 죽고 맙니다.

물론 말레이시아개미도 무사하진 못합니다. 배에 구멍이 뚫리기 때문에 결국 같이 죽죠. 그래서 적에게 질 것 같을 때만 최후의 수단으로 자폭을 선택합니다. 생명을 걸고 둥지를 지키려고 할 때만 선택하는 일이죠.

CHAPTER 5 서툴러서 죽는다

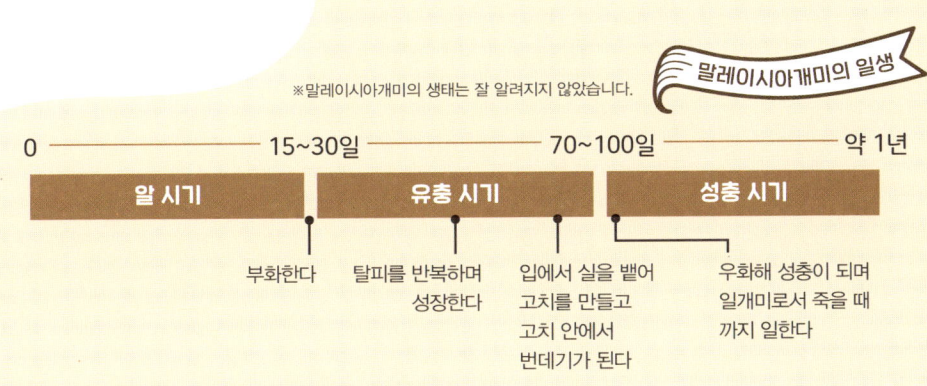

말레이시아개미 더는 못 간다! 최후의 수단은 자폭!

안타까운 정도

기생충 때문에 몸이 멋대로 움직여!

멋대로 움직여! 기생충에게 몸을 뺏긴다
달팽이

이름	갈색뾰족쨈물우렁이
분류	복족류 병안목 달팽이과
크기	약 1cm
수명	약 3년
서식지	한국, 일본

저 녀석이군!

평소에는 잎사귀 뒤에 숨어서 조용히 생활하는 달팽이도 양지바른 잎사귀 위로 나올 때가 있습니다. 그럴 때의 달팽이를 보면 눈 끝부분이 부풀어 올라 꿈틀꿈틀 움직이고 있죠. 이건 달팽이가 아니라 레우코클로리디움이라는 기생충의 소행입니다.

이 기생충에게 감염당한 달팽이는 낮이 되면 잎사귀 위 같은 눈에 잘 띄는 곳으로 이동하게 됩니다. 새에게 잡아먹히기 쉬운 조건이죠. 그렇게 달팽이가 잡아먹히면 새의 몸속으로 들어간 레우코클로리디움 유충이 새의 장에서 성충이 되어 알을 낳습니다. 그 알은 새똥과 함께 밖으로 배출되고, 다시 달팽이가 그 똥을 먹으면서 순환됩니다. 달팽이는 계속 기생충에게 조종당하는 것이죠.

CHAPTER 5 서둘러서 죽는다

달팽이의 일생

0	0~1개월	1~2년	3년
알 시기	**유체 시기**	**성체 시기**	
부화했을 때부터 부모와 같은 모습이다	껍질이 나선형으로 커지며 성장한다	한 개체가 암컷과 수컷의 기능을 모두 갖고 있으며, 두 개체가 짝짓기로 정자를 교환해 알을 낳는다	

달팽이 멋대로 움직여! 기생충에게 몸을 뺏긴다

숙주의 미래는 캄캄해! 안타깝게 죽는 기생당한 생물들

1 26페이지의 달팽이처럼 기생충에게 조종당해 평생을 보내는 생물들이 많습니다. 기생충은 자신의 성장을 위해 기생한 생물의 영양을 흡수하며 숙주의 행동마저 바꾸어버리는 능력을 갖고 있죠. 기생충에게 사로잡힌 생물은 마치 좀비처럼 움직이는 시체가 되어 기생충에게 통제당하다 슬픈 마지막을 맞이하게 됩니다.

예를 들어 사마귀에게는 연가시라는 기생충이 기생합니다. 가늘고 긴 모양의 연가시는 원래 물속의 생물입니다. 유충일 때 하루살이 등의 수생 곤충에게 잡아먹혀 기생하고, 그 수생 곤충이 우화해 성충이 된 뒤 사마귀에게 잡아먹히면 최종적으로 사마귀에게 기생하는 것입니다. 연가시는 사마귀의 영양을 흡수하면서 뱃속에서 성장한 뒤, 번식을 위해 사마귀의 뇌를 조종해 물가로 이동시킵니다. 사마귀가 물속으로 뛰어들면 사마귀의 배에서 빠져나와 물속으로 돌아가죠. 물론 사마귀는 익사해 죽습니다.

바퀴벌레도 보석말벌에게 기생당하곤 합니다. 바퀴벌레도 역시나 무섭고 슬픈 말로를 맞이하죠. 보석말벌에게 주입 당한 독으로 인해 바퀴벌레는 움직임을 통제당합니다. 그리고 촉각(절지동물의 머리 부분에 있는 감각 기관)을 물어뜯기고 체액을 빨린 뒤 그대로 보석말벌의 보금자리로 끌려들어 가

· ·

죠. 보석말벌은 바퀴벌레의 앞다리 속에다 알을 낳고, 알이 부화하면 유충이 바퀴벌레의 체액을 마시며 성장합니다. 마침내 바퀴벌레의 내부까지 먹어 치운 뒤에 비어버린 몸속에 고치를 만들어 성충이 됩니다. 기생 당하면 끝, 자기도 모르는 사이에 세뇌되어 죽는 바퀴벌레의 일생. 이 얼마나 슬픈가요.

EPILOGUE

생명의 시간:

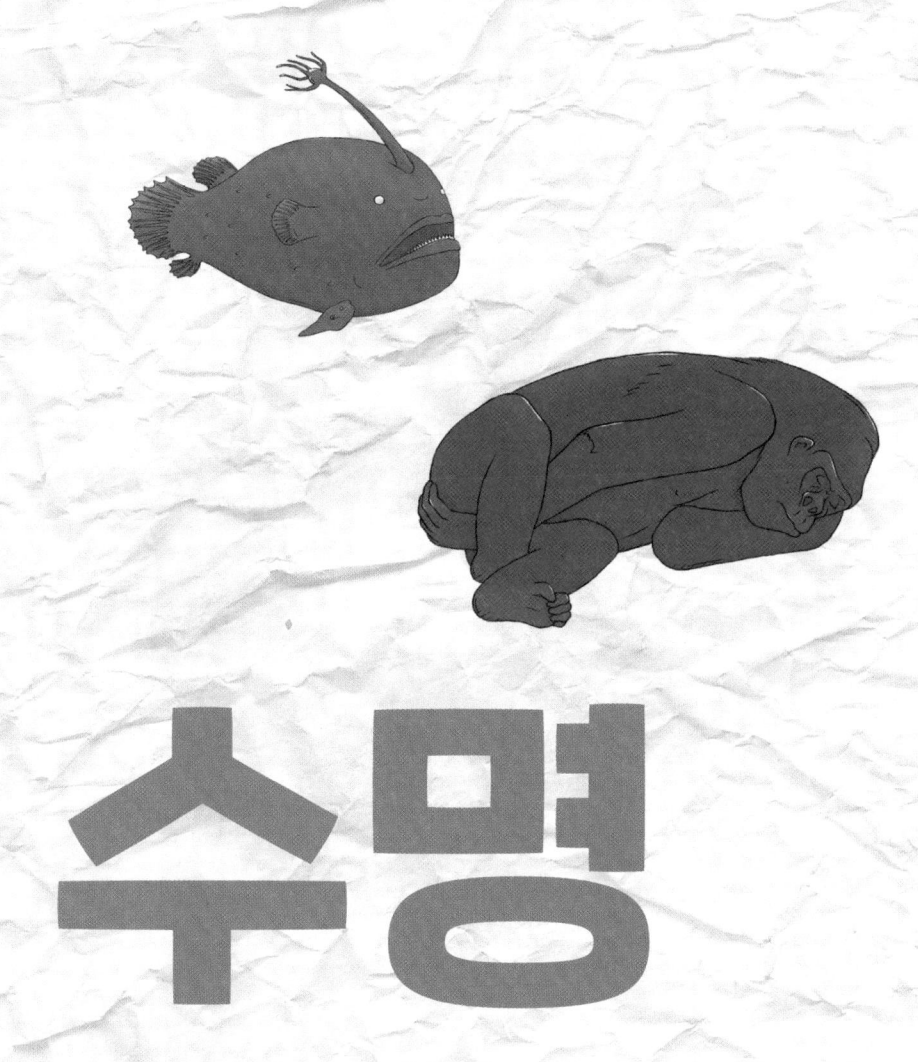

수명

많은 생물의 최후를 살펴보았는데, 마지막으로 생물마다의 '생명의 시간'에 관해 알아봅시다. 우리 인간도 포함해 분류별로 정리했습니다.

인간은 몇 살까지 살 수 있을까?

인간은 몇 살까지 살 수 있을까요? 지금으로부터 약 2,500년 전에는 평균 수명이 30년보다 조금 긴 정도였다고 합니다. 당시는 환경에 목숨이 좌우되는 생활을 하고 있었기 때문이죠. 병이나 영양 부족으로 사망하는 어린이가 많습니다.

그 이래로 생활이 점점 안정되고 수명도 길어져 현대인의 평균 수명은 대략 84세입니다. 인간이 사는 시간이 몹시 길어졌죠. 그렇다고 해도 인간이 몇 살까지 살 수 있는지는 아직 밝혀지지 않았습니다. 통계를 바탕으로 생각할 수 있는 최대 수명은 115세라고 합니다(150세라는 설도 있습니다).

인간이 죽음을 맞이하는 방법은 야생동물이나 곤충과는 다르게 대부분 '노화'입니다. 노화는 몸을 형성하는 세포의 기능이 저하되는 생리현상이므로 멈출 수 없습니다. 노화로 인해 면역력이 약해져 병에 걸리거나 몸을 움직일 수 없게 되어 죽는 것이죠.

실제로 현대인의 사인 중 1위는 암인데, 이 병은 노화로 인한 세포(DNA)의 변이로 생깁니다. 인간에게는 원래 인체 능력의 오류를 방지하는 면역 시스템이 갖추어져 있지만, 노화로 인해 암을 막을 수 없게 되는 것입니다. 유전적으로는 암 환자가 급증하는 55세 무렵이 인간의 수명인 것은 아닌가 생

· ·

각되며, 이 나이 무렵부터 질병과의 싸움이 시작됩니다.

현대는 '100세 인생 시대'라고들 하지만, 기술이나 의학의 발전으로 '새롭게 살아가는 시간'이 늘어나고 있을 뿐이라고 말할 수 있습니다. 우리는 그 시간을 어떻게 살아갈지를 이제부터 진지하게 생각할 필요가 있는 것이죠.

 # 포유류

대형 포유류는 일반적으로 수명이 깁니다. 포식당해 죽는 비율은 낮고 수명을 다하고 죽는 비율이 높기 때문이죠. 반면에 소형 포유류는 원래부터 수명이 짧으면서 포식당하는 비율도 높습니다. 많은 새끼를 낳는다는 전략으로 종을 이어간다는 게 특징이죠.

생물	수명
말	25년
큰개미핥기	15년
늑대	10년
하마	35년
여우	6~7년
기린	10~15년
혹등고래	45년
사슴	15년
얼룩말	20년

생물	수명
흰배숲쥐	2년
바다표범	30년
오소리	15년
집박쥐	3~5년
아프리카 코끼리	70년
족제비	1년
개	14년
멧돼지	10년
돌고래	30~35년
소	20년

생물	수명
벌거숭이 뻐드렁니 쥐	30년
햄스터	2~3년
고슴도치	2~5년
비버	20년
양	12년
인간	83년
페럿	7년
돼지	15년
망토개코원숭이	35년
날다람쥐	7년
기니피그	5년
염소	5~10년
사자	15년
낙타	35년
해달	15년

생물	수명
자이언트판다	20년
사향쥐	2년
범고래	50~100년
흰코뿔소	45년
바다코끼리	35년
침팬지	15~20년
반달가슴곰	25년
긴팔원숭이	35년
바다사자	20~30년
시궁쥐	2년
나무늘보	20년
고양이	5년
산토끼	3~4년
맥	30년
흰코사향고양이	10년

조류

조류는 먹이를 섭취하지 못해서 쇠약해지거나 환경변화에 영향을 받아 죽는 일이 많은 생물입니다. 같은 장소에서 다수가 사망하는 현상이 발생하기도 합니다. 그 밖에도 화학물질이나 조류 인플루엔자 같은 전염병 등 다양한 죽음의 이유가 있습니다.

생물	수명
흑두루미	20년
닭	10년
백조	15년
흰머리수리	28년
올빼미	20년
문조	8년

생물	수명
집오리	15년
갈매기	20년
흰뺨검둥오리	10~20년
황제펭귄	15~20년
백로	5년
콘도르	60년
참새	1.5년
사랑앵무잉꼬	8년
타조	40년
솔개	30년

 # 파충류

파충류는 전체적으로 수명이 깁니다. 뱀의 평균 수명은 대략 15~20년이지만 큰 파충류는 더욱더 수명이 길어서 50년 이상 되는 생물도 많습니다. 파충류 중 가장 오래 사는 생물은 거북이입니다.

생물	수명
자라	30년
돼지코거북	15년
다섯줄도마뱀	5~6년
반시뱀	14년
중부턱수염도마뱀	10년
투아타라(스페노돈)	120년
도마뱀붙이	5년
땅거북	50년
악어거북	20~70년

생물	수명
에그이터스네이크	10년
아나콘다	10년
그물무늬비단뱀	20년
알다브라코끼리거북	150년
바다악어	70년
바다거북	50~100년
카멜레온	5년
갈라파고스땅거북	100년
남생이	30년
녹색이구아나	10~15년
설가타육지거북	30~40년
줄무늬뱀	10~15년

양서류

개구리나 도롱뇽 등의 양서류는 몸 크기에 비해 수명이 긴 생물입니다. 그렇다고 해도 야생의 환경에서는 많은 개체가 잡아먹힙니다. 운이 좋으면 장수하는 것이죠.

생물	수명
칼꼬리영원	20년
청개구리	2~3년
일본두꺼비	10~15년
아르헨티나뿔개구리	5~8년
두꺼비	10년
독개구리	10년

생물	수명
일본얼룩배영원	20년
아프리카황소개구리	20~30년
멕시코도롱뇽	5년
황소개구리	7년
일본왕도롱뇽	60~70년
사탕수수두꺼비	10~15년

어류

어류는 큰 종일수록 수명이 길다는 특징이 있지만, 대부분 알일 때와 치어일 때 죽고 맙니다. 기껏해야 수십일인 것이죠. 성장할 때도 습격당하는 일이 많아서 수명까지 살아남는 개체는 아주 적습니다.

생물	수명
연어	3~5년
송어	18년
고래상어	70년
은어	1년
송사리	2년
메기	15년

생물	수명
태평양슬리퍼상어	200년
실러캔스	60년
백상아리	70년
비단잉어	70년
금붕어	7년
해마	1~5년
뱀장어	20~30년
구피	1~2년
청어	20년
고등어	6~7년

갑각류

갑각류의 수명은 종류에 따라 크게 다릅니다. 새우의 수명은 일반적으로 2년이지만, 바닷가재 등은 20년 이상 사는 것도 있습니다. 게도 종에 따라서 큰 차이가 있으며 다양합니다. 천적에게 잡아먹혀서 죽는 생물이 많습니다.

생물	수명
물벼룩	1개월
야자집게	50년
소라게	15년
왜생이(새우)	1년
바닷가재	20~30년

생물	수명
미국가재	2~3년
무늬발게	3년
달팽이	3년
비단게	2~3년
대왕조개	100년
거미게	100년

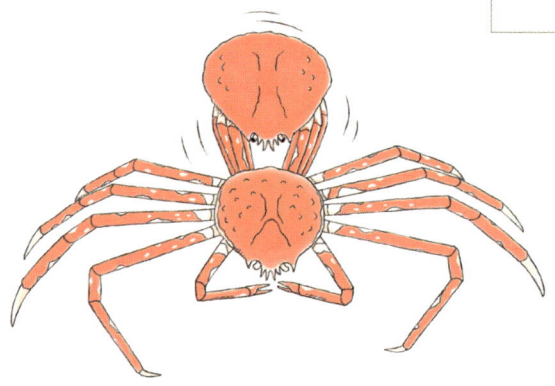

곤충류

곤충류는 일반적으로 유충에서 변태를 통해 성충이 되는 과정이 있으며 성충은 자손을 남기기 위해서만 살아갑니다. 그래서 많은 곤충이 짝짓기 후 파닥이다 죽어가는 것이죠. 천적에게 잡아먹혀 죽는 것보다 수명을 다하는 개체가 많다는 것도 특징입니다.

생물	수명
장수풍뎅이	1년
사마귀	1년
노린재	1년
여치	2개월
말매미	2~5년
어리호박벌	1년
사슴벌레(하늘가재)	3년
케이론청동장수풍뎅이	3~4개월
귀뚜라미	1년
풍뎅이	1년

생물	수명
호랑나비	40일
쌍살벌	1년
일개미	1년
여왕개미	20년
명주잠자리	3년
장수잠자리	5년
모기	30~50일
누에나방	1.5개월
하루살이	3년
풍이	8~10개월

생물	수명
잠자리	2~3개월
톱사슴벌레	3개월
벼룩	3주일
집파리	1개월
털보깡충거미	1년
넓적사슴벌레	2~3년
헤라클레스장수풍뎅이	6개월~1년
반딧불이	1년
꿀벌(일벌)	60일
꿀벌(여왕벌)	1~3년
사슴벌레	2~3개월
지네	6~7년
배추흰나비	70일

생물	수명
바퀴벌레	3~10개월
전갈	3~8년
초파리	2개월
방아깨비	1년
이아목	1개월
줄사슴벌레	1~2년
방울벌레	2주~1개월
말벌(일벌)	1.5개월
말벌(여왕벌)	5~6년
매미	7년
진드기	3개월
타란툴라	20년
공벌레	4년
무당벌레	2~3개월
풀무치	2~3개월

참고문헌

이마이즈미 타다아키(감수), 눈물이 찔끔 나는 동물 이야기, 장현주 번역(보랏빛소어린이, 2022)
이마이즈미 타다아키(감수), 안타까운 동물사전 1, 이선희 번역(고은문화사, 2022)
고바야시 다케히코, 생물은 왜 죽는가, 김진아 번역(허클베리북스, 2022)
이케다 기요히코, なぜ生物に寿命はあるのか?(왜 생물에는 수명이 있는가?), PHP연구소, 2014
신야케 코우지, いきもの寿命ずかん(생명의 수명도감), 東京書籍; 도쿄서적, 2018
데이비드 바니, Animal: The Definitive Visual Guide(世界動物大図鑑), 히다카 토시타카 번역
　　　(네코 퍼블리싱, 2004)
히다카 토시타카(감수), 日本動物大百科 8~10(일본동물대백과 곤충편 8~10), 평범사, 1997
세계 대백과사전 제2판, 평범사
이마이즈미 타다아키(감수), 大自然のふしぎ増補改訂動物の生態図鑑(대자연의 신비 동물의 생태도감),
　　　학연교육출판사, 2009
데즈먼드 모리스, Catwatching(キャット・ウォッチングーネコ好きのための動物行動学),
　　　하네다 세츠코 번역(평범사, 1987)
이치노세 마사키, 東大ハチ公物語: 野博士とハチ、そして人と犬のつながり(동경대 하치코 이야기:
　　　우에노 박사와 하치 그리고 사람과 강아지의 인연), 도쿄대학출판부, 2015
미조이 유이치, 動物園・その歴史と冒険』溝井裕一著(동물원, 그 역사와 모험), 중앙공론신사, 2021

일본어판 스탭

편집　　　　가시와 모모코(주식회사 G.B.)
편집 협력　　호소야 겐지로(주식회사 G.B.)
집필 협력　　무라사와 유즈루, 다마키 나리코
디자인·DTP　모리타 치아키(Q.design)

우리가 몰랐던
생물들의 마지막 이야기

1판 1쇄 발행 2023년 4월 5일
1판 2쇄 발행 2023년 12월 5일

감　　수 | 이마이즈미 타다아키
일러스트 | 시모마 아야에
번　　역 | 최서희
발 행 인 | 김길수
발 행 처 | ㈜영진닷컴
주　　소 | (우)08507 서울 금천구 가산디지털1로 128
　　　　　　 STX-V타워 4층 401호
등　　록 | 2007. 4. 27. 제16-4189호

©2023. ㈜영진닷컴

ISBN | 978-89-314-6756-7

이 책에 실린 내용의 무단 전재 및 무단 복제를 금합니다.
파본이나 잘못된 도서는 구입하신 곳에서 교환해 드립니다.

YoungJin.com Y.